Pequeno leitor de papel

Um estudo sobre jornalismo para crianças

Pequeno leitor de papel

Um estudo sobre jornalismo para crianças

Juliana Doretto

Copyright© 2013 Juliana Doretto

Grafia atualizada segundo o Acordo Ortográfico da Língua Portuguesa de 1990, que entrou em vigor no Brasil em 2009.

Publishers: Joana Monteleone/Haroldo Ceravolo Sereza/Roberto Cosso
Edição: Joana Monteleone
Editor assistente: Vitor Rodrigo Donofrio Arruda
Projeto gráfico e diagramação: Ana Lígia Martins
Assistente acadêmica: Danuza Vallim
Capa: Ana Lígia Martins
Revisão: Liana Martins
Assistente de produção: Felipe Lima Bernardino
Imagem da capa: Disponível em: <sxc.hu>.

Esta obra foi publicada com o apoio da Fapesp.

CIP-BRASIL. CATALOGAÇÃO-NA-FONTE
SINDICATO NACIONAL DOS EDITORES DE LIVROS, RJ

D748p

Doretto, Juliana
PEQUENO LEITOR DE PAPEL: UM ESTUDO
SOBRE JORNALISMO PARA CRIANÇAS
Juliana Doretto. – 1. ed.
São Paulo: Alameda, 2013
168p.; 21 cm

Inclui bibliografia
ISBN: 978-85-7939-231-3

1. Folha de São Paulo (Jornal). 2. Estado de São
Paulo (Jornal). 3. Jornalismo – Aspectos sociais –
Brasil. I. Título.

13-05453   CDD: 079.81
                            CDU: 070(81)

ALAMEDA CASA EDITORIAL
Rua Conselheiro Ramalho, 694 – Bela Vista
CEP: 01325-000 – São Paulo, SP
Tel.: (11) 3012-2400
www.alamedaeditorial.com.br

À minha família
e aos anjos que passam pela minha vida

Sumário

Prefácio 9

Introdução 13

Capítulo I – Infância 23

1.1. Quando não havia crianças 23

1.2. As crianças desaparecem? 29

1.3. As crianças que aí estão 34

Capítulo II – O leitor imaginado 47

2.1. O interesse pelos pequenos 51

2.2. A dialogia 55

Capítulo III – Jornalismo e os pequenos leitores 61

3.1. Suplemento, hoje 61

3.2. Suplementos infantis 66

3.3. 'Folhinha' 73

3.4. 'Estadinho' 84

3.5. Internet 93

Capítulo IV – Criança leitora de papel 103

4.1. O método 103

4.2. Dados obtidos 111

Capítulo V – O que o papel diz — 137

5.1. Criança no papel — 137

5.2. Ao redor do 'leitor de papel' — 148

Considerações finais — 153

Referências bibliográficas — 159

Prefácio

Num país certamente pouco conhecido pela atenção dispensada ao leitor infantil, exceto quando a ideia surge vinculada ao consumo, o livro dessa jovem autora traz mais que uma contribuição: ocupa um espaço muito importante. A saber, um espaço de reflexão reservado para pais e profissionais da comunicação – especialmente os jornalistas voltados para esse público.

Elaborado como uma dissertação de mestrado (com bolsa do Conselho Nacional de Desenvolvimento Científico e Tecnológico), envolvendo dessa maneira um minucioso trabalho de pesquisa, paciência e muito questionamento de percurso, o livro traz o perfil do *leitor de papel*, criança entrevistada pelos cadernos de jornais paulistanos – *Folha de S. Paulo* e *Estado de S. Paulo* –, cuja fala aparece nos textos publicados. Só esse perfil já justificaria a importância da pesquisa. Porém, Juliana vai além, e olha de forma crítica para esse fazer jornalístico tão pouco estudado.

Buscando auxílio seguro na análise de conteúdo, a autora analisou as reportagens principais de 25 edições de cada um dos suplementos publicados pelos dois jornais, no período entre 4 de julho e 19 de dezembro de 2009. Nos textos, incluindo aí fotos e elementos gráficos, e respectivas capas (imagens principais e chamadas), estabeleceu categorias que organizaram a análise em função do tema central da pesquisa, do número de crianças ouvidas, e de seu gênero e idade. Mais que isso: foram considerados elementos fundamentais, como referências geográficas, o que fala muito sobre as escolhas editoriais. Verbos no imperativo, muito utilizados pela publicidade, mais precisamente pelo marketing, e a presença de infográficos (linguagem também pouco estudada na academia) permitiram a avaliação das intenções que podem nortear esse tipo de publicação.

Esse pequeno leitor e seu contexto na atualidade, tão bem delineados no livro, nos remetem à urgência de mais estudos sobre o tema. Trata-se de uma geração íntima do ambiente tecnológico, imersa numa realidade cada vez mais consumista que bombardeia crianças com a oferta não só de produtos mas também de comportamentos e maneiras de pensar e ver o mundo. E é aqui que começamos a vislumbrar a importância da pesquisa empreendida.

O noticiário de atualidade, centrado no público adulto, não é sequer "traduzido" para as crianças. Isso quer dizer que essas edições deixam de lado uma função primordial do jornalismo, a de informar com a adequação desejada cada faixa de leitor. Nesse caso, o do público infantil, essa abordagem poderia trazer uma riqueza de repertório informativo maior para os pequenos leitores. Para além disso, apontar para uma visão mais abrangente da realidade.

Como observa Juliana, é preciso que as redações se organizem melhor para dimensionar com maior clareza o leitor-padrão ou modelo dessas publicações. O uso abusivo de verbos imperativos em textos, títulos e chamadas, e a repetição de referências à cidade de São Paulo, a despeito da circulação estadual dos dois cadernos, apontam para a necessidade de um cuidado maior dos jornalistas envolvidos na elaboração desses suplementos tendo em vista o público em questão. Isso se torna evidente quando o trabalho nos mostra que essas publicações não conseguem entrevistar, de modo igualitário, crianças de todas as faixas etárias que desejam atingir.

Por tudo isso, e pelo texto fluente e saboroso da autora, jornalista e mestre pela Universidade de São Paulo, a leitura deste trabalho é mais que um prazer, permite uma reflexão profunda e necessária sobre o jornalismo voltado para o público infantil e, certamente, sobre o jornalismo de um modo geral. Será que esses suplementos não estariam repetindo alguns vícios que andam comprometendo o jornalismo feito para adultos? São muitas as questões colocadas neste trabalho, que tive a alegria de acompanhar, como orientadora. É muito bom saber que isso tudo vai sair da biblioteca e ganhar um público maior.

Citando o raciocínio de um artista, é simples compreender a função de um livro como este: "Tudo aquilo que possui regras constantes deve também, necessariamente, ter modalidades variáveis. Se há regra, é preciso que haja mudança. Partindo do conhecimento das constantes, é possível dedicar-se a modificar as variáveis". – Shitao, (1642-1707), pintor chinês.

Nancy Nuyen Ali Ramadan

Professora doutora na Escola de Comunicações e Artes da Universidade de São Paulo

Introdução

A pesquisadora jornalista

A primeira vez que entrevistei uma criança como jornalista profissional, para uma matéria que fazia como repórter *freelancer* da "Folhinha", o suplemento infantil da *Folha de S. Paulo*, percebi que ali começavam a ruir algumas de minhas "certezas" sobre a infância. Ao fazer perguntas àquele menino de oito anos, procurava explicar muito bem a questão e, confesso, usava algumas palavras no diminutivo para facilitar a compreensão do meu interlocutor. O garoto me olhava desconfiado – enquanto a sua mãe observava a cena, toda orgulhosa do meu entrevistado – e me respondia tudo "na lata", com frases bem construídas e com muito menos palavras no diminutivo do que eu usava. Nesse primeiro caso, pensei: "Garoto muito esperto, esse. Deve ser mais sagaz do que a média de garotos da idade dele, mas, mesmo assim, na próxima, acho que vou reduzir os 'inhos' e 'inhas'".

Vem a segunda entrevista: dessa vez, com várias crianças reunidas. Comecei a achar que aquele primeiro garoto não era tão mais arguto do que os outros e que podia riscar de vez os diminutivos do meu discurso. Na terceira vez que ouvi um menino na condição de entrevistadora, concluí o mesmo que foi dito por crianças e jovens sobre a imagem da infância na mídia, em seminário realizado em Londres em 1998: "Você pode conseguir a opinião das crianças sobre qualquer coisa – elas fazem parte da sociedade. Elas estão diretamente envolvidas em coisas como educação, mas nunca lhes perguntam sobre tais coisas" (CARLSSON; FEILITZEN, 2002, p. 156).

A partir disso, infere-se que o jornalismo direcionado a crianças também pode falar sobre qualquer assunto, desde que se respeite o estágio de desenvolvimento cognitivo dos leitores. No período que vai dos 7 aos 11 ou 12 anos, para qual se dirigem vários dos suplementos infantis do país (ANDI; IAS, 2002), a criança, segundo Piaget (1986), começa a desenvolver sentimentos morais e sociais de cooperação e a realizar operações mentais (em contraposição à inteligência sensório-motriz), desde que se refiram a situações que possam ser imaginadas. Assim, é esse cenário que o jornalista que escreve para os pequenos leitores deve ter em mente ao formular pautas e redigir textos.

Saber congregar temas, linguagens e formatos interessantes e adequados para crianças de idades tão diferentes, apesar desse estágio de desenvolvimento comum, é a principal dificuldade do jornalismo feito para os meninos e as meninas brasileiros. A prática profissional proporcionou meu encontro com essa tarefa complexa, mas não me deu as ferramentas necessárias para entendê-la melhor. Então a pesquisa, com o mestrado em Ciências da Comunicação na Escola de Comunicações e Artes da Universidade de São Paulo, surgiu como um caminho interessante para enfrentar essa problemática.

A criança que se quer aqui

Nos dois anos e meio em que desenvolvi esta pesquisa, todas as vezes que falei a alguém o assunto de meus estudos, a frase seguinte era algo como: "Que bom, não há muito gente pesquisando isso". De fato, os trabalhos de pós-graduação na área são poucos no Brasil (encontrei apenas um doutorado, em desenvolvimento na época); há, porém, muitos projetos de conclusão de curso no campo do jornalismo e, como o material de pesquisa empírica realizado por esses graduandos interessava-me muito, incluí-os neste estudo. Surgiu-me aqui uma primeira pergunta, para a qual não tenho resposta: por que o interesse tão grande nos recém-formados se enfraquece nos estudos que vêm após a graduação? É claro que o número de graduandos é maior que o de pós-graduandos, mas trata-se aqui de um assunto quase ausente nas dissertações e teses; ou seja, a proporcionalidade não é mantida.

Após os comentários sobre a pouca presença do tema na pesquisa nacional, surgiam sugestões de vieses de pesquisa e indicações de programas de TV estrangeira e nacional, de exemplares da literatura infantil e de estudiosos da pedagogia, da psicologia infantil, das novas tecnologias, da história social...

Desses nomes sugeridos, cada autor que consultava remetia a vários outros, especialistas em determinadas áreas do desenvolvimento infantil ou de aspectos de sua realidade sociocultural. Com o avanço da pesquisa – e o auxílio de minha orientadora, Nancy Ramadan, e da banca de qualificação – fui fazendo os recortes necessários (sobretudo pelo tempo delimitado para o estudo). Assim, trato aqui de aspectos históricos e sociais que definem a infância – não mergulho nas características cognitivas. Não estudo o aspecto educativo do jornalismo infantil, suas formas de definição de pauta e de construção inicial de suas linhas editoriais (apesar de comentar sobre o assunto) ou a recepção dos leitores: preocupo-me com o resultado impresso no papel (textos, fotos e infográficos), investigando as informações que ele possa me dar. Por meio da análise de conteúdo de Bardin (2002), quis delimitar quem é o "leitor de papel" dos suplementos, ou seja, aquele que está representado nas falas (diretas ou indiretas) das crianças ouvidas nas reportagens. Escolhemos essa metodologia de pesquisa porque,

> enquanto esforço de interpretação, a análise de conteúdo oscila entre os dois pólos do rigor da objectividade e da fecundidade da subjectividade. Absolve e cauciona o investigador por esta atracção pelo escondido, o latente, o não--aparente, o potencial de inédito (do não-dito), retido por qualquer mensagem. Tarefa paciente de "desocultação", responde a esta atitude de *voyeur* de que o analista não ousa confessar-se e justifica a sua preocupação, honesta, de rigor científico. Analisar mensagens por essa dupla leitura, onde uma segunda leitura se substitui à leitura "normal" do leigo, é ser agente duplo, detetive, espião (BARDIN, 2002, p. 11).

A investigação nos levou a entender se esse leitor que aparece nos textos e arranjos temáticos desses cadernos é a criança para quem o suplemento diz se destinar. Ou seja, se o jornalismo infantil fala ou não para e sobre o seu *leitor modelo* (imaginado) (ver capítulo 2). Acredito que os suplementos deveriam entrevistar, na maior parte de suas pautas, crianças com quem seu público se identifica – a exceção ficaria nos casos em que explicitamente o jornal apresenta uma criança diferente de seu leitor-padrão (ver p. 49); o mote de tais reportagens seria justamente ressaltar para os meninos e as meninas leitores essas diferenças (e também as semelhanças).

Tomaz Tadeu da Silva explicita que a identidade é uma construção humana, e não algo em si, que existe independentemente dos atores sociais. A identidade, na verdade, marca o lugar da diferença: somos tudo aquilo que não somos. Ser criança significa não ser adulto nem jovem, assim como brasileiros somos todos os que não somos argentinos, japoneses, canadenses.

> Além de serem interdependentes, identidade e diferença partilham uma importante característica: elas são o resultado de atos de criação lingüística. Dizer que são o resultado de atos de *criação* significa dizer que não são "elementos" da natureza, que não são essências, que não são coisas que estejam simplesmente aí, à espera de serem reveladas ou descobertas, respeitadas ou toleradas. A identidade e a diferença têm de ser ativamente produzidas. Elas não são criaturas do mundo natural ou de um mundo transcendental, mas do mundo cultural e social. Somos nós que as fabricamos, no contexto de relações culturais e sociais. A identidade e a diferença são criações sociais e culturais (SILVA, 2000, p. 76).

Assim, entendemos que esse processo está sempre ligado a um sistema de classificação valorativo: ao elegermos um "nós", estabelecemos que os demais são enquadrados como "eles", ou seja, não incluídos, não praticantes de nossas normas e costumes ou, simplesmente, preteridos. Ao analisar textos jornalísticos feitos para crianças sob esse olhar, poderemos encontrar parâmetros que dizem quem é o leitor-padrão das redações, incluído no "nós", e aquele que não é – ou seja, desviante, que faz parte da categoria "eles". Esses "outros" também podem ser abordados nos textos do caderno, mas seu lugar de "excepcional", pelo conceito de Silva, estará bem demarcado na matéria. Aliás, é essa excepcionalidade que provavelmente terá motivado a elaboração do texto. Como se a redação dissesse ao seu leitor: vamos falar desse assunto para que você saiba que, no mundo em que nós vivemos, também existem crianças assim, que não são como você.

A aproximação do "leitor de papel" com o "leitor modelo" tornaria o suplemento mais atraente para seu público: segundo Cremilda Medina (2006), um jornal que não fala sobre o cotidiano, os problemas, os avanços e as inquietudes de seu leitorado (aqui, entendido também como o imaginado) perde o sentido da existência. É claro que aqui se pode estabelecer ainda uma relação, que, se for estreita, colabora para a excelência do jornalismo: entre o leitor "real" e o modelo, passando pelo "de papel". Porém esse não é o foco deste trabalho.

A escolha desse viés, o "leitor de papel", está ligada à experiência que tive com o jornalismo infantil na *Folha de S. Paulo*: já estavam mais claras em minha mente as estratégias usadas pela redação para escolher temas, enfoques, vocabulários, bem como o perfil de nossa audiência, mas não tinha percepções mais profundas sobre o texto final (talvez por medo de não gostar do que leria, nunca voltei aos textos de minha autoria e, provavelmente por companheirismo, não lia com olhos mais críticos os trabalhos dos colegas de redação). A pesquisa, portanto, me deu as ferramentas necessárias para a tarefa, ao mesmo tempo que me colocou em um outro lugar: como pesquisadora, percebi que tinha um papel diferente da repórter e que agora teria de, sim, olhar criticamente o trabalho de jornalistas que eu admirava, usando técnicas metodológicas corretas.

Escolhi então como objetos de minha pesquisa a "Folhinha" e o "Estadinho" (hoje extinto), suplementos infantis dos jornais paulistanos *Folha de S. Paulo* e *O Estado de S. Paulo*. A opção pelo primeiro (veículo para o qual colaborei) deve-se ao fato de estar ligado ao maior jornal do país, em termos de circulação; o segundo era então seu principal concorrente, por ser publicado no mesmo Estado, mas não em termos de vendas nacionais (ver p. 77). Não foram encontrados dados de circulação em território paulista para os jornais, mas Lourival Sant'Anna (2008, p. 27), em sua pesquisa de mestrado, ressalta que são as duas publicações de São Paulo que "projetam-se como nacionais, tanto na abrangência territorial e temática quanto na influência". Foram estudadas 25 edições de cada suplemento, de julho a dezembro de 2009, pelo método da análise de conteúdo, conforme já dito, tendo como guia para a prospecção e para a análise dos dados seis grandes categorias de pesquisa (ver p. 105-110): gênero; faixa etária; marcas de referências geográficas; tema; verbos imperativos; e infográficos.

Escopo

O livro está dividido em cinco capítulos, além das considerações finais. No primeiro capítulo, "Infância", procuro mostrar o processo de construção histórica e social do conceito de criança, desde a época medieval. Nesse percurso, ressalta-se como a disseminação da escolarização foi responsável pela transformação da infância: de uma fase de transição rápida (que acabava com o início da independência física) em uma etapa longa de preparação para a vida adulta, baseada na revelação do conhecimento guardado pela escrita. Também busco debater as características da infância atual, fortemente delimitada pelas novas tecnologias e pelas redes virtuais – fenômenos que não apenas transformam os modos de a criança se relacionar com o mundo mas também estabelecem novas formas de escolarização, o que pode modificar, novamente, as fronteiras do "infantil".

Essa criança aparece no "papel" de leitora-padrão dos suplementos infantis de jornal no segundo capítulo, em que busco demonstrar que a redação cria um perfil de público leitor, que serve de diretriz para a escolha da linguagem da narrativa, para a concepção e para a execução das pautas e também para os posicionamentos estratégico e comercial dos veículos.

Nesse capítulo, estendo ainda o conceito da dialogia (originalmente pensado para o público e para as fontes) à construção dessa criança leitora imaginada. Entendo que, para envolver verdadeiramente o leitor modelo na sua produção jornalística, o repórter deve fugir da concepção de comunicação chamada de "signo da divulgação" – na qual o jornalista trabalha informações sem conexão, buscadas em instituições e com personalidades já consagradas – e se voltar para o "signo da relação" (ou *linguagem dialógica*). Esse novo conceito, proposto por Medina (2006), prega o interesse real pelo outro e a solidariedade para com ele como forma de sustentar a prática jornalística transformadora, e não apenas descritiva.

No capítulo 3, "Jornalismo e os pequenos leitores", a partir de levantamento bibliográfico, procuro debater a função desempenhada pelos suplementos de jornal nos dias de hoje e o seu prestígio, mostrando seus pontos em comum com a linguagem e estratégia comercial das revistas. A cobertura especializada e aprofundada, com design gráfico mais bem elaborado, características essenciais do jornalismo dos magazines, parece ser um dos recursos atuais dos diários impressos para atrair leitores, garantindo a sobrevivência comercial em meio ao crescimento dos meios de comunicação on-line, ligados à informação instantânea, porém ligeira. Aprofundando a questão, exponho brevemente, também com base em pesquisa bibliográfica, as origens do jornalismo infantil brasileiro e as trajetórias de "Folhinha" e "Estadinho". Nesse percurso, são apresentadas ainda as linhas editoriais atuais de cada suplemento, com o auxílio de textos dos jornais, estudos de pós-graduação e pequenas entrevistas com então profissionais da redação.

A metodologia de pesquisa (seguindo as propostas de análise de conteúdo de Bardin) e o percurso de trabalho estão apresentados no quarto capítulo, "Criança leitora de papel". Esse ponto do livro traz ainda os dados obtidos com a leitura e categorização dos textos analisados, apresentados em forma de levantamento estatístico, com gráficos e tabelas. Essas informações compõem o que chamo de "leitor de papel" desses suplementos, ou seja, a criança que pode ser desenhada a partir dos meninos e meninas entrevistados e fotografados pelo caderno e expostos em suas páginas. No último capítulo, "O que o papel diz", teço algumas observações a respeito dos dados coletados, estabelecendo relações entre eles e os conceitos debatidos ao longo do trabalho.

Capítulo I – Infância

1.1. Quando não havia crianças

O que chamamos hoje de infância nos parece algo quase biológico: idades, características físicas (incluindo alturas esperadas) e conquistas cognitivas parecem delimitar, de modo muito natural, essa etapa da vida humana. Mas estudiosos do mundo das crianças conseguem nos mostrar, com investigações históricas, que a ideia de infância não está totalmente atrelada a condições corporais, mas muda de acordo com características sociais, culturais e econômicas que os adultos vivem ao longo do tempo. É o sentimento dos homens formados em relação aos mais jovens que nos dá, ao longo da história da humanidade, o sentido da infância – ou nos priva dele.

O historiador francês Philippe Ariès (2006) mostra que, a partir da Idade Média (início de seus estudos), a consciência dos adultos em relação às particularidades da infância foi aumentando e, ao mesmo tempo, se transformando. Essas percepções são o que ele chama de "sentimentos da infância". Voltando-se sobretudo aos cenários francês e inglês, o autor diz que, na época medieval, a infância era apenas uma transição rápida para a vida adulta: era-se criança enquanto precisava-se de cuidados mais intensos das mães e das amas. A partir dessa independência física, a criança já era inserida no mundo dos adultos, participando de suas diversões, de suas conversas, de seus trabalhos. A iconografia da época, por exemplo, retratava crianças como adultos em miniatura, com corpos totalmente desenvolvidos, porém em tamanho reduzido. Nessa fase, para o historiador, estava ausente o "sentimento da infância". Isso porque, com a mortalidade infantil alta, os pais nem chegavam a considerar as crianças menores em seu quantitativo de filhos: não havia o costume de se apegar aos pequenos, já que eles poderiam "desaparecer" com facilidade.

Essa proposição se associa ao trabalho do professor de comunicação Neil Postman (1999), da Universidade de Nova York, nos EUA. Ele também sugere que, na Idade Média, a ideia de infância estava ausente, mas, para ele, outros dois fatos sustentavam essa situação. Em primeiro lugar, na sociedade medieval, a escrita era reservada apenas para uma pequena elite, religiosa, além de ser usualmente feita em uma caligrafia rebuscada, que dificultava ainda mais sua compreensão pelos homens do povo. Assim, a criança já era considerada adulta ao adquirir as habilidades da fala, visto que a quase totalidade delas não passava pela escola, a fim de letrar-se. A segunda razão estava na ausência da "vergonha", conceito que para o autor é imprescindível para o desenvolvimento da percepção de infância. Essa ideia, segundo ele, se estabelece quando os homens entendem que as crianças devem ser protegidas de certos segredos adultos, como violências, tragédias e impulsos sexuais. Para Postman, havia traços desses dois pensamentos, a escolarização e a vergonha, na sociedade romana, mas, ao invés de continuar a se desenvolverem, se apagaram com o fim do Império Romano e o com desaparecimento da cultura clássica.

No século XVI, segundo Ariès, ganha força o primeiro dos "sentimentos da infância" narrados por ele – que, portanto, traz de volta à humanidade a consciência da diferenciação das crianças. É o que ele chama de "paparicação". Os adultos – em primeiro lugar, as mães e as amas – começam a achar as crianças menores muito graciosas, se divertindo com seus trejeitos e seus modos de ser. Passado esse período, os pequenos já entravam no mundo adulto, assim como na época medieval, participando de seus jogos e trabalhos. Ainda que restrito à primeira infância, esse processo surgiu antes de que houvesse melhora nos índices de mortalidade infantil, o que ocorreria somente um século depois: ou seja, não foi uma mudança gerada por transformações físicas, mas uma concepção que se formou exclusivamente pelas reações humanas.

Esse sentimento veio acompanhado de uma maior presença das crianças na iconografia na época e até por uma "moda infantil", que diferenciava, ao contrário do que ocorria na Idade Média, os trajes dos pequenos daqueles usados pelos adultos. Essa diferenciação ocorreu com os meninos, em primeiro lugar, porque foram eles os pioneiros (sobretudo os burgueses) a frequentar os colégios de massa – na época medieval, as escolas eram destinadas só aos clérigos. A educação das meninas surge apenas na segunda metade do século XVII; antes, elas eram criadas ainda como pequenos adultos, já que se tornavam esposas com pouca idade.

Para Postman, essas escolas (dos meninos), no século XVI, foram o primeiro sinal de transformação na concepção de infância. Com o surgimento do prelo, cem anos antes, o conhecimento humano passa a ser transmitido em parte pela escrita, e não mais apenas pela tradição oral. Na Idade Média, a independência das crianças aos sete anos e sua entrada no mundo adulto estava relacionada ao seu domínio da palavra. Como a competência da fala vinha com a biologia, não era necessário ensino. Agora, a criança não era mais apenas um homem em miniatura, já com as ferramentas para entrar no mundo adulto, mas, sim, um homem a ser formado: para obter os saberes dos mais velhos, era preciso saber ler e escrever.

> [...] quando a prensa tipográfica fez a sua jogada, tornou-se evidente que uma nova espécie de idade adulta tinha sido inventada. A partir daí a idade adulta tinha de ser conquistada. Tornou-se uma realização simbólica e não biológica. Depois da prensa tipográfica, os jovens teriam de se *tornar* adultos, e, para isso, teriam de aprender a ler, entrar no mundo da tipografia. E para realizar isso precisariam de educação. Portanto a civilização européia reinventou as escolas. E, ao fazê-lo, transformou a infância numa necessidade (POSTMAN, 1999, p. 50).

Assim, nos séculos XVI e XVII, era-se criança enquanto se frequentava os colégios. É interessante notar que, mais à frente, no século XVIII, o letramento criou o desenho das etapas da infância que conhecemos hoje, correspondendo às fases de aprendizado pretendidas pela escola, em grupos de séries. Depois da fase escolar, no entanto, entrava-se diretamente no mundo adulto: a adolescência é um conceito posterior, do século XIV, que surgiu com o alistamento militar e com o desenvolvimento do ensino superior – não é a puberdade que definia esse período.

Aos poucos, os adultos verificam que essas crianças que estão se preparando já estão um pouco crescidas, à força de esperar. Elas constituem uma nova mistura, inédita. Os adultos tentam mantê-las protegidas e felizes, assistidas, no mundo encantado da infância, sem obrigações e responsabilidades. Por outro lado, elas se parecem cada vez mais com os adultos, pelo tamanho, pela maturação de seus corpos e pelas exigências de sua felicidade e de seus prazeres, que não são mais brinquedos e historinhas, mas, por exemplo, sexo e dinheiro (CALLIGARIS, 2000, p. 68).

Voltando à necessidade de talhar as crianças para a fase adulta, percebe-se que essa preocupação não ficou apenas no campo da letra. Uma nova forma de aprender exigia delas também um novo comportamento.

Num mundo sem livros nem escolas, a exuberância juvenil contava com o campo mais vasto possível para se expressar. Mas, num mundo de aprendizado livresco, tal exuberância precisava ser drasticamente modificada. Quietude, imobilidade, contemplação, precisa regulação das funções corporais tornaram-se extremamente valorizadas (POSTMAN, 1999, p. 60).

Consequentemente, essa educação ampla não poderia ser exercida apenas entre os muros escolares: a família, que começava a adquirir o seu conceito mais moderno, também deveria participar do processo, fazendo de seus filhos homens instruídos e religiosos. Como exemplo, recorremos a Ariès, que mostra o ápice desse grande processo, no século XVIII, quando a grande casa familiar das classes mais abastadas, que antes servia também como ambiente de trabalho e de convívio social intenso, sem privacidade para os seus moradores (as camas, por exemplo, não tinham cômodo fixo e eram desmontáveis), passou a ser um lugar mais fechado e íntimo, onde as crianças estavam mais protegidas dos comportamentos inadequados dos adultos. Nota-se, portanto, que o sentimento da vergonha que despontava nos romanos ressurge, então, com mais força.

O autor francês, aliás, traça panorama semelhante, mas voltando-se para o conceito de disciplina. Segundo ele, no século XVII, clérigos e juristas moralistas passam a introduzir nas escolas controle e vigilâncias mais rigorosos, ao mesmo tempo que aplicam mais castigos corporais e se preocupam com o comportamento dos alunos também fora da escola.

> Esses moralistas haviam-se tornado sensíveis ao fenômeno outrora negligenciado da infância, mas recusavam-se a considerar as crianças como brinquedos encantadores, pois viam nelas frágeis criaturas de Deus que era preciso ao mesmo tempo preservar e disciplinar. Esse sentimento, por sua vez, passou para a vida familiar (ARIÈS, 2006, p. 105).

Assim, o movimento moralista faz que as crianças sejam afastadas dos assuntos sexuais, das músicas e das brincadeiras agora consideradas indecentes e do entretenimento livre com criados. Até mesmo a linguagem muda: exige-se delas um tratamento mais formal, mesmo nas conversas mais cotidianas. Assim, entendo que a vergonha de

Postman traduz-se na disciplina de Ariès e creio que esses dois conceitos, precedidos pela "paparicação", apontada pelo primeiro autor, e pela retomada da escrita, relatada pelo segundo, fazem que a ideia de infância torne-se mais cara à sociedade: as crianças já não são homens menores, mas em formação, que precisam do cuidado e da atenção dos mais velhos para se tornarem adultos honrados e com espírito forte.

1.2. As crianças desaparecem?

Do século XIX à década de 1950, segundo Postman, vimos crescer o estatuto preferencial das nossas crianças em nossa sociedade: foi-lhe dado o direito de estudar e de, ao mesmo tempo, não trabalhar, e surgiram indústrias de roupas e mobiliário, brinquedos, literatura e até legislações próprios. Para além da imposição estatal, cresceram entre os adultos a empatia com as crianças e a crença de que é sua função protegê-las e assegurar seu desenvolvimento. Assim, o aspecto de construção social da infância que descrevemos anteriormente foi esquecido, e a sociedade passou a entender as crianças como uma categoria biológica.

Porém, para o autor americano, os anos 50 começaram a alterar esse paradigma de infância, com o desenvolvimento da imagem – mais especificamente com o fortalecimento da televisão. Segundo ele, a TV mitigou a fase de preparação, de transição representada pela escola. Isso porque, antes, a entrada no mundo adulto passava obrigatoriamente pelo letramento: quanto mais evoluíamos como leitores, preparando nosso intelecto para o pensamento abstrato, mais próximos estávamos de ser adultos plenos.

A TV, no entanto, traz as informações que antes estavam nos livros de forma concreta e espetacular, independente da escrita:

> a imagem produzida em massa mudou a própria forma da informação, passando-a de discursiva a não-discursiva, de proposicional a apresentacional, de racionalista a emotiva. A linguagem é uma abstração da experiência, ao passo que as imagens são representações concretas da experiência (POSTMAN, 1999, p. 87).

Esse conhecimento que chega pela TV não é apenas "sagrado" mas também "profano", não somente "decente" mas também "indecente": os segredos adultos, antes guardados das crianças, passaram a ficar expostos na pequena tela – e nem sempre na programação do fim de noite. Postman chega mesmo a dizer que não há programas exclusivamente infantis na TV: tendo em vista que se quer sempre o maior número de expectadores possível, não faz sentido criar uma programação que selecione e elimine público. Desse modo, quanto mais linguagens e formatos elementares, maior a chance de que os programas (e também os comerciais) atraiam o público – e isso inclui as crianças. Tudo na TV quer ser simples, autoexplicativo e feito para todos. Um exemplo disso são as discussões que se vêm se desenrolando no Brasil sobre a classificação indicativa na programação da TV aberta, que proíbe a exibição de certos programas considerados inadequados para o público infantil fora da faixa noturna. Uns acreditam que se trata de censura à criatividade televisiva; outros veem na medida uma proteção ao processo de formação da personalidade dos meninos e das meninas.

Jesús Martín-Barbero, em seminário na Universidade de São Paulo em setembro de 2008, corroborou o pensamento de Postman, ainda que não tenha citado o autor americano. Segundo ele, a invenção da televisão fez com que o mundo adulto fosse totalmente revelado às crianças. As conversas que lhes eram proibidas, os eventos de que não podiam participar, as cenas que antes ocorriam atrás de portas fechadas são transmitidas hoje em rede aberta. As questões das crianças são respondidas antes mesmo que elas as formulem para si mesmas e as exponham aos adultos.

Isso não quer dizer que as crianças tenham de ser "enganadas" e viver num mundo completamente idílico; porém é preciso respeitar seu desenvolvimento intelectual de modo que elas possam assimilar lentamente as mazelas e tragédias do mundo. "Mas a violência que é mostrada atualmente na televisão não é mediada pela voz de uma mãe, não é nem um pouco modificada para se adaptar à criança, não é orientada por nenhuma teoria do desenvolvimento infantil" (POSTMAN, 1999, p. 108). Acreditamos ainda que o mesmo vale para o contato dos pequenos com o mundo da propaganda e, consequentemente, com o consumismo.

Néstor García Canclini mostra que o consumo – entendido como processos socioculturais de apropriação de todos os produtos, e não gastos irracionais e descontrolados – é um fator de inclusão ou exclusão dos grupos sociais, mas ressalta que, nesse processo, também se constrói cidadania.

> Ser cidadão não tem a ver apenas com os direitos reconhecidos pelos aparelhos estatais para os que nasceram em um território, mas também com as práticas sociais e culturais

que dão sentido ao pertencimento e fazem com que se sintam diferentes os que possuem uma mesma língua, formas semelhantes de organização e de satisfação das necessidades (CANCLINI, 2008, p. 35).

Assim, podemos inferir que, ao comprarmos um objeto ou um serviço, lhe atribuímos não apenas uma função – material ou social – mas também um significado. Nesse processo, interagimos com os demais, analisando (criticamente ou não) nosso próprio corpo, nossas necessidades e a ordem social na qual estamos inseridos. Ou seja, o consumo faz parte da construção da criança-cidadã, e a sociedade não deveria ignorar essa realidade. Segundo Fragoso, vivem no Brasil cerca de 36 milhões de crianças de até 12 anos (22% da população), e as vendas de produtos voltados para o público infantil "vêm crescendo mais do que a venda daqueles destinados aos adultos: entre 2001 e 2003, o volume de vendas dos primeiros cresceu 7,5% (contra 6%)" (FRAGOSO, 2009, p. 51-52). Diante dessa realidade, no entanto, a criança precisa receber instrumentos, na escola e na família, para que seu consumo seja plenamente cidadão. Afinal, "a explosão do marketing voltado para as crianças hoje é direcionada de maneira precisa, refinada por métodos científicos e lapidada por psicólogos infantis – resumindo, é mais penetrante e importuna do que nunca" (LINN, 2006, p. 25).

Reveladas sem filtros aos problemas e impulsos adultos, as crianças parecem novamente não terem mais contato com o conceito de "vergonha". Com o enfraquecimento da importância da cultura letrada, que vem na contramão do desenvolvimento da imagem, a ideia de infância se arrefeceria e daria origem ao que Postman chama de "adulto-criança": a infância e a idade adulta se confundem, porque ocorrem a "adultificação" da criança e a "infantilização" dos adultos – como se ambos se encontrassem numa adolescência eterna: as roupas dos mais velhos e as das crianças se aproximam das usadas pela juventude; as crianças que aparecem na TV são como adultos em miniatura, com trejeitos e expertises esperados para quando tivessem alguns anos mais; os esportes se profissionalizam já em suas categorias de base, enquanto os jogos de rua se enfraquecem; as linguagens de adultos e crianças se aproximam (elas falam cada vez mais palavrões, enquanto eles não demonstram profundidade ou precisão em suas falas); o gosto por músicas e filmes se homogeneiza; as discussões sobre a idade da maioridade penal ganham força em todo o mundo. Como consequência de tudo isso, há diminuição da força da autoridade adulta sobre o processo de construção dos valores e das sensibilidades das crianças, espaço que vem sendo ocupado, entre outros, pela mídia.

Eis um dos desafios para barrar o "desaparecimento" crescente da ideia de infância, segundo Postman. É preciso que mais adultos consigam escapar ao cenário de infantilização e passem a acompanhar de perto as crianças, principalmente em suas relações com a TV: limitando o tempo de exposição dos pequenos à mídia, monitorando o que veem e ajudando-os a entender o conteúdo midiático de modo mais crítico.

O autor norte-americano centraliza seu discurso na televisão porque escreve seu livro antes do fortalecimento das novas tecnologias da comunicação, como a internet e o celular (a última revisão foi em 1994). Mas ele deu indícios de que o computador poderia ser um instrumento tanto para fortalecer novamente o conceito de infância quanto para arrasá-lo. Interesses comerciais e políticos poderiam transformar o uso dos computadores apenas em entretenimento informacional para a maior parte da sociedade, deixando o domínio de sua linguagem para uma pequena elite e colaborando para o enfraquecimento da escolarização ampla. Se, por outro lado, se investisse no uso consciente da informática, a escola ganharia novamente lugar de importância, já que passaria, agora com o uso do computador, a promover "o pensamento seqüencial, lógico e complexo entre as massas" (POSTMAN, 1999, p. 163). E, fortalecendo novamente a escola, a infância estaria mais preservada. Passados 16 anos, cabe lançar um olhar para autores que estudam as crianças da era digital e delinear possíveis caminhos para o cenário então abordado pelo norte-americano.

1.3. As crianças que aí estão

Não se fazem mais crianças como as de antigamente? Segundo Marc Prensky (2006), não. Reportagem da revista *Época* de 10 de setembro de 2007 diz que crianças com menos de dois anos já se fascinam com vídeos e fotos digitais. Aos quatro anos, elas manipulam o mouse olhando apenas para a tela e, aos cinco, reconhecem ícones, trabalham com softwares e começam a se interessar por jogos virtuais. A criação da primeira conta de e-mail, segundo a publicação, ocorre com sete anos.

Essas crianças que crescem lidando com computadores, celulares e videogames, que trocam mensagens instantâneas com os amigos e que fazem download de músicas na internet são o que o autor chama de "nativos digitais". E eles são não apenas os que ainda são chamados de crianças na sociedade atual – segundo o ECA (Estatuto da Criança e do Adolescente), aquele que tem até 12 anos, incompletos – mas também adolescentes e jovens, que hoje frequentam as faculdades. Segundo o autor, esse grupo teria características distintas das gerações anteriores. O contato com as novas tecnologias, para Prensky, provoca pequenas modificações orgânicas no modo de funcionamento do cérebro dessa população e faz com que ela possa, ao contrário dos seus antepassados, dominar a descoberta indutiva (sem precisar de manual de instruções para operar aparelhos, por exemplo), trabalhar com mapas mentais (por meio de habilidades multidimensionais, visuais e espaciais, projetando estruturas mentalmente, sem a ajuda de concretudes) e decodificar imagens tridimensionalmente (o que ele chama de competência representacional). Às vezes, tudo isso ao mesmo tempo, já que a capacidade de realizar multitarefas seria outra característica dessas crianças e jovens.

No primeiro caso, o da descoberta indutiva, os "nativos digitais" aprenderiam com os videogames e com a informática a descobrir pelo método de tentativa e erro. Como não há um caminho descrito a ser seguido para conseguir a vitória, é preciso avaliar as falhas cometidas para tomar um novo rumo na próxima partida, em busca do sucesso. Diante do computador, temos de descobrir qual o caminho técnico mais correto para chegar ao resultado esperado (não há um *único* roteiro no ambiente informacional). Um processo que tem a base do que se faz na pesquisa científica, mas que, paradoxalmente, está longe da realidade escolar – na qual o livro didático é utilizado pelos docentes como guia centralizador do aprendizado, de acordo com Adilson Citelli (2000), num aprendizado formal totalmente guiado.

No segundo, o dos mapas mentais e da decodificação de imagens, cremos que uma das razões seja apontada por Martín-Barbero (2005, tradução nossa). Ele diz que, na tela digital, a leitura não é mais da esquerda para a direita, de cima para baixo, ou seguindo uma sequência de páginas. Ler, na internet e nos programas de computador, é atravessar elementos "conectados entre si por muitos diversos modos de articulação, simulação, modelado, jogo"; é acessar de diferentes "links", montando sua própria estrutura de texto; é contextualizar imagens, que não são vistas mais como apenas ilustração, mas instrumento de pesquisa, sobretudo em três dimensões. E tudo isso ao mesmo tempo. Ou seja, os "nativos digitais" entenderiam que há informações tanto na oralidade, no som e nas imagens quanto na palavra escrita e conseguem trabalhar com eles de forma integrada. Contudo, cremos que é importante acrescentar aqui que, sem acompanhamento e mediação, as novas habilidades oriundas do uso das tecnologias digitais podem não ser utilizadas de forma ativa e crítica – ponto sobre o qual retornaremos adiante.

De todo modo, parece acertada a indicação de Guillermo Orozco (2009) ao ressaltar, concordando com as ideias de Prensky e Martín-Barbero, que as "novas telas", uma forma concreta que o autor usa como síntese das possibilidades digitais atuais (seja o computador, seja a internet, seja o celular), começam a dar forma a um novo paradigma de conhecimento: o da transmissão, que era hegemônico, linear e baseado no letramento (representado sobretudo pela tríade professor, livro didático e aluno), aos poucos *dá*

PEQUENO LEITOR DE PAPEL   37

lugar ao da experimentação, da integralidade e da imagem. A imagem massiva e desregulada da TV, condenada por Postman, parecia ser apenas o início de todo esse processo. Orozco, remetendo a Gitlin, diz que os novos contatos das pessoas com esses dispositivos,

> paulatinamente maiores pela convergência entre telas e por uma maior acessibilidade a elas por mais setores da audiência, sobretudo as gerações mais jovens, seguramente repercutirão em outros *âmbitos*, como o da geração de conhecimentos e saberes, o da assimilação e circulação de informação e o da constrição da aprendizagem, e, de maneira particular, nas formas de entretenimento, divertimento e geração de emoções e sensações (GITLIN, 2004 *apud* OROZCO, 2009, tradução nossa).

Acreditamos que essa forma nova de se entreter e se emocionar reflete-se sobretudo nas novas maneiras de se relacionar em sociedade, marcadas pela *interatividade*. Entendo interatividade aqui segundo a concepção que Orozco (2009, tradução nossa) assume, rementendo a Klaus Jensen, da Universidade da Dinamarca, como a "dimensão que modifica o estar como audiência, já que justamente a audiência na interatividade se converte em usuário".

O processo acima descrito é o que Martín-Barbero, retomando Walter Benjamin, chama de um novo *sensorium*, ou seja, uma nova forma de perceber, de se relacionar com o tempo e espaço e com os outros. Benjamin, em *Essais sur Bertolt Brecht* (1969 *apud* MARTÍN-BARBERO, 2006), mostra a desconstrução do produtor-leitor ao falar de uma mudança que então ocorria na literatura (década de 30), por meio da disseminação trazida pelos meios de comunicação de massa: quem lia estava prestes a passar também a escrever, porque a escritura deixava de ter apenas a dimensão profissional para ter a cidadã, de participação produtiva, de mais fácil acesso. Ou seja, a leitura, massiva, passava a ser sinônimo não de passividade e de reprodução, mas de trabalho, de *produção* de significados, de compreensão crítica do social, de incentivo à escritura que analisa e dá sentido ao mundo.

> E isso em um movimento de deslocamento da leitura/escrito do *âmbito* da especialização profissional para o da literalização das condições de vida, que possibilita dar a palavra ao trabalho mesmo, isto é transformar o estatuto social do autor no de *produtor*, condição para refundar a oposição entre autor e leitor (MARTÍN-BARBERO, 2006, tradução nossa).

O apreço por essa interativade, pré-anunciada por Benjamin e descrita com mais profundidade por Martín-Barbero, seria outra característica importante dos "nativos digitais" de Prensky. Ela começou com a palavra escrita, mas hoje adentra em outras formas de comunicação. As crianças e jovens podem inserir comentários nas reportagens que leem; alterar o conteúdo a que têm acesso na internet, construir novos caminhos nos jogos, competindo com jogadores on-line; e expor suas vontades e realizações como sujeito para um número maior de pessoas (nem sempre apenas os conhecidos), por meio do mundo on-line. Ou seja, "a hipermídia aparece inserida no processo histórico e social deles [sujeitos-criança], isto é, utilizam-se da tecnologia digital para, ainda que de forma virtual, realizarem-se

PEQUENO LEITOR DE PAPEL 39

como indivíduo" (VICINA, 2005, p. 232). No entanto, pesquisas mais atuais tentam desvendar em que medida essas possibilidades interativas são de fato postas em práticas pelas crianças e adolescentes.

Enquanto isso, os adultos de hoje são o que autor americano chama de "imigrantes digitais": não nascidos nesses novos tempos, estão aprendendo a lidar com as novas tecnologias; muitos deles, encarando-as com desconfiança e preconceito excessivos. Entendem a leitura ainda como algo linear, de cima para baixo; tendem a não aceitar o novo status da imagem, talvez por não associarem o aprendizado ao lúdico (herança dos bancos escolares); e não valorizam a capacidade dos mais jovens de realizar *várias* ações ao mesmo tempo, apontando a desatenção como decorrência ruim dessas multitarefas (Prensky diz que as crianças ficam atentas, mas apenas ao que querem).

Arriscamos dizer que os conceitos de Prensky *têm* mais potencialidade do que concretude em terras latino-americanas, em razão de nosso grande percentual de exclusão digital. No Brasil, segundos os dados da Pnad (Pesquisa Nacional por Amostra de Domicílios), do IBGE (Instituto Brasileiro de Geografia e Estatística), de 2011, 53,5% dos brasileiros com mais de dez anos ainda não utilizam a internet e 30% da população nessa faixa etária não têm telefone celular – e não há garantias de que os que possuem tenham aparelhos mais elaborados, que permitam conectividade rápida à rede mundial de computadores, por exemplo.

Ou seja, ainda que os novos aparatos digitais possam de fato estimular o desenvolvimento de novas habilidades nas gerações mais jovens, apenas uma parcela minoritária dessas crianças e jovens tem acesso real a todas as potencialidades das tecnologias mais modernas. No entanto, a Pnad mostra a pouca inclusão da população na chamada vida digital, mas indica que o crescimento é rápido. O acesso à rede mundial de computadores cresceu 143,8% na população com dez anos ou mais entre 2005 e 2011. Isso pode indicar que, ainda que os "nativos digitais" concretos, ou seja, que de fato crescem com acesso ao mundo tecnológico, sejam poucos no país, a potencialidade do aumento dessa população é bastante grande.

1.3.1. A nova escolarização

Os autores a quem recorremos no tópico acima parecem se alinhar à hipótese sugerida por Postman de que o computador instauraria uma nova linguagem, mais complexa do que a imagem autoexplicativa da TV, mas vão além, já que afirmam que as novas tecnologias informacionais instauraram uma nova forma de aprender, com novos formatos e meios.

Assim, o espaço de aprendizagem, de conhecimento, conforme ressalta Martín-Barbero (1996) e ratifica Orozco, não é somente o da instituição escolar (ainda que a escola resista a aceitar e legitimar esses outros lugares). Os autores propõem que hoje a sociedade caminha para o reconhecimento de que o aprendizado pode ocorrer em qualquer momento ou espaço.

> Atualmente, a aprendizagem *não formal* está sendo objeto de um interesse crescente por parte de educadores, mas sobretudo por parte de comunicadores, designers, psicólogos, técnicos da informação e outros profissionais que descobrem que podem ofertar educação

diversificada em todos os seus elementos, e muito mais atrativa do que a que oferecem as escolas e focada para o cumprimento de objetivos que têm sido sistematicamente relegados na aprendizagem formal, como o desenvolvimento artístico, a formação de uma consciência ecológica ou a aquisição de habilidades de apreciação e críticas midiáticas (OROZCO, 2004, p. 126, tradução nossa).

Essa liberdade de condições espaçotemporais da educação não formal traz consigo uma problemática: com a variedade e a intensidade de informações à nossa disposição, como saber se o que estamos aprendendo pode de fato nos ajudar na construção de nossa cidadania, de nosso pensamento crítico? A sociedade da aprendizagem, termo usado por Orozco (2004), necessita de um mínimo de orientação, para não se afogar no acúmulo de dados que nos chegam todos os dias, sobretudo pelas telas. Assim, reforça-se a ideia de Postman de que as crianças precisam de ajuda adulta, edificante, antes da entrada no mundo adulto, para não sucumbirem no turbilhão de informações – antes televisivas, agora também em rede.

Para entender a importância dessa orientação, creio que é preciso se voltar um pouco ao processo de recepção infantil. González, em estudo que aborda o tema, formou dois grupos de análise, com crianças de Guadalajara, no México: o primeiro, com crianças que frequentam uma escola privada, filhas de comerciantes e professores; e o segundo, com filhos de operários e empregados, que estudam em uma instituição pública. A pesquisadora, ao mostrar aos alunos um telejornal e um trecho de desenho animado adulto, concluiu que as deficiências na reflexão sobre o que viram são encontradas em todas as crianças, independentemente de seu nível socioeconômico.

Ao falarem sobre a notícia, as crianças expuseram que entendem as situações como reais. Ou seja, não as confundem com a ficção, mas as relacionam com os seus conhecimentos da realidade e também da linguagem jornalística: todo o aparato do jornalismo, a edição, os comentaristas, as imagens, colabora para que a criança reconheça a "referência imediata" (GONZÁLEZ, 2004, p. 133, tradução nossa) mostrada pela reportagem, o que ela chama de "realismo nominal". Tal reconhecimento não ocorre no desenho animado: o pequeno expectador fecha seu entendimento no próprio episódio, sem relacionar aquelas mensagens com o que vive em seu cotidiano ("hermetismo referencial").

Ainda que haja essas diferenças entre um e outro tipo de produção midiática, o que González afirma é que a recepção observada, em geral, recai numa interpretação superficial, com mínimo esforço mental e que não tece intertextualidade ("texto" aqui entendido como outras referências e discursos culturais e sociais), rede de significados. Como falta contextualização nessa recepção deficitária, as crianças utilizam uma estratégia simples, a divisão clara entre um lado positivo e um negativo da questão, como forma de compreensão das mensagens apresentadas:

> quando não se contextualiza a informação, as crianças recorrem, como estratégia de percepção, à institucionalização discursiva, em geral, expressada dicotomicamente: bons-maus; ordem-desordem; positivo-negativo. Isso impede, por sua vez, a interiorização complexa dos

significados e uma possível conscientização (GONZÁLEZ, 2004, p. 133, tradução nossa).

Outro aspecto apontado é a reificação da mensagem, com uma objetivação da mensagem realizada de modo extremado: por exemplo, o que veem, leem ou escutam se transforma em consumo de produtos e roupas relacionados a celebridades e atitudes que mimetizam esses ídolos. Eis aí o consumo não cidadão, combatido por Canclini.

Para a autora, isso é resultado de uma recepção solitária, sem mediação direta de um adulto, que poderia auxiliar a criança a compreender o que vem dos meios de comunicação de modo crítico, transcendendo seu significado referencial, entendendo as estratégias de produção e veiculação dos produtos midiáticos.

Para González, essa recepção solitária ocorre por três fatores: famílias com menos filhos, lares com mais televisões (e, hoje, também com mais computadores) e pais e mães trabalhando. Esse cenário de crianças solitárias em casa vai ao encontro do que afirma Perrotti. Ele diz que, com as novas configurações econômicas e sociais que vêm se instaurando no país desde a década de 60 (urbanização e industrialização crescentes, acompanhadas de altos índices de violência), as crianças estão sendo cada vez mais confinadas em espaços privados, perdendo o contato social que antes tinha lugar nas brincadeiras de rua, sobretudo em grandes cidades, num "movimento de recolhimento crescente da infância nos espaços domésticos e em instituições especializadas (creches, escolas), dando origem a um novo modelo de participação na cultura, marcado pelo distanciamento dos espaços públicos" (PERROTTI, 1991, p. 25).

Ao debate sobre a recepção, Orozco (2009) acrescenta a discussão sobre a emissão. São processos que, como abordado anteriormente, estão entrelaçados e começam a perder delimitações, por meio da interatividade. Mas todo o potencial construtor trazido pelas novas telas pode ficar apenas na abstração se não forem dadas às crianças ferramentas para que elas possam usufruir dessas novas tecnologias de maneira autônoma e consciente. Não basta a criança saber acessar a Internet e tirar fotos pelo telefone ou montar um blog se não estiver sendo preparada para saber o que fazer com todos esses instrumentos digitais. Não é suficiente os pequenos aprenderem a usar as redes sociais se não souberem o que podem ou não expor de suas vidas privadas para toda a rede (e o conceito de vergonha de Postman pode ser retomado aqui).

González sugere que, para enfrentar a construção hermética de significados, estimulando a criticidade, é necessário que haja uma interação dialógica, desenvolvida a partir da educação para recepção, "não somente para entender ou criticar as mensagens mas também para propiciar a reflexão sobre si mesmo e seu entorno" (GONZÁLEZ, 2004, p. 135, tradução nossa). Esse papel é destinado, tanto pela pesquisadora quanto por Orozco (1997), sobretudo aos professores, além da família (aqui, entendo que essa é também tarefa dos jornalistas que falam para os pequenos leitores, que devem problematizar a si mesmos e a outros meios de comunicação).[1] Se é função da escola esse preparo

---

1   "O processo de informar é um processo formador, portanto, o jornalista, em última instância, é um educador" (DINES, 1986, p. 118). Para além desse papel inerente de educador do aprendizado informal, o trabalho do jornalismo infantil também pode ser instrumento didático para a escola. Ver DORETTO, J. "O jornal infantil na sala

essencial para "ler" a mídia, a cultura letrada, tão cara ao ambiente escolar (e ao jornalismo impresso, foco de nossa pesquisa), não desaparece, mas se torna parceira de uma série de outros recursos para educar.

É preciso que pais, professores e todos os que têm maior contato com crianças estabeleçam discussões com elas sobre suas relações com as novas formas de comunicação, tanto como *emissores* quanto como *receptores*, transformando o "didatismo autoritário em mediação cidadã performativa" (MARTÍN-BARBERO, 2006, tradução nossa). Assim, a etapa de preparação para o mundo adulto estaria mantida, com papel fundamental para a futura participação plena na sociedade, e a infância sobreviveria, ainda que com as novas configurações do mundo digital. "Não é concebível que nossa cultura esqueça que precisa de crianças. Mas está a caminho de esquecer que as crianças precisam de infância. Aqueles que insistem em lembrar prestam um nobre serviço" (POSTMAN, 1999, p. 167).

---

de aula. Folhinha e Estadinho". In: COLÓQUIO BRASIL-MÉXICO DE CIÊNCIAS DA COMUNICAÇÃO, 2, 2009, São Paulo. *Anais*. São Paulo: ESPM, 2009. Disponível em: <http://www.espm. br/ConhecaAESPM/Mestrado/Documents/COLOQUIO%20BXM/ S2/juliana%20doretto.pdf>.

Capítulo II – O leitor imaginado

Para quem o jornalista trabalha? No mercado jornalístico atual, rico em publicações de variados tipos, um requisito fundamental para o surgimento de um produto é a definição de seu público. Na impossibilidade de atender aos interesses de todo destinatário potencial da mensagem jornalística (tendo em vista a diversidade de perfis), o produto faz um recorte da sociedade e delimita essa faixa da população como um público preferencial ou, segundo o *Manual da redação Folha de S. Paulo* (1992, p. 162), um público-alvo: "parcela da população que se pretende atingir com determinada publicação, programação ou campanha publicitária".

Essa delimitação é feita com vieses de gênero, idade, classe social, características físicas, trabalho, hobbies ou curiosidades. Mesmo os veículos de informação dita geral, como os noticiários de TV, as revistas semanais e os grandes portais de notícia, sabem que, por mais diverso que seu público seja, ele ainda assim é um recorte da sociedade. Cria-se então um padrão de leitor mediano, ou seja, um perfil, *imaginado*, que se assemelharia à maior parte dos destinatários potenciais.

Umberto Eco (1993), nos estudos de semiótica, fala de um "leitor modelo", criado pelo autor como estratégia para a construção do texto: as escolhas da tessitura escrita são orientadas pelas competências esperadas para esse modelo. A justificativa para essa "operação" é o pressuposto de que todo texto é incompleto, necessitando de alguém que o atualize com a leitura (ou o ajude a funcionar), por meio de interpretações, atribuições de significados.

Assim, a geração de um texto deve levar em conta os possíveis "movimentos do outro" (ECO, 1993, p. 57), porque essa estratégia dá ao autor mais chances (apesar de não haver garantias, já que as possibilidades de interpretação são sempre ilimitadas) de que a significação decorrente da leitura será mais próxima de suas intenções iniciais ou que as várias interpretações finais (que podem partir até mesmo de um mesmo leitor, empírico) ao menos se reforcem, e não se excluam. Para isso, o autor precisa usar a língua conhecida pelo seu leitor imaginado e ter em mente sua competência "circunstancial" (que o faz conhecer possíveis variações de significado de palavras e expressões, de acordo com seus usos cotidianos) e seus conhecimentos "enciclopédicos" (ainda que o próprio texto possa fornecer esses elementos, se o autor considerá-los vitais para a significação). Eco lista ainda alguns recursos presentes no texto que ajudam a delimitar o leitor modelo, como marcas de gênero – "queridos meninos" – e geográficas – "amigos, romanos" – (que sustentam algumas das categorias usadas na análise dos nossos objetivos de pesquisa; ver p. 105).

> Para organizar a própria estratégia textual, um autor deve referir-se a uma série de competências (expressão mais vasta que "conhecimento dos códigos") que conferem conteúdo às expressões que utiliza. Deve assumir que o conjunto de competências a que

se refere é o mesmo do seu leitor. Por conseguinte, deverá prever um Leitor-Modelo capaz de cooperar na actualização textual como ele, o autor, pensava, e de se mover interpretativamente tal como ele se moveu generativamente (ECO, 1993, p. 58).

Para Dines, o público que os produtores jornalísticos pretendem atingir é o leitor-padrão daquela publicação. Uma das maneiras de definir essa audiência é sugerida nas palavras do jornalista Luís Mendes Costa, ditas em 1959 no jornal *Última Hora* do Rio e resgatadas por Dines (1986, p. 56-57): "Crie um leitor imaginário [que entendo como imaginado] composto de partes de leitores do seu jornal que você conhece e depois destine o jornal a ele". Outra forma sugerida pelo autor seria a observação direta daqueles que compram a publicação nas bancas ou mesmo das cartas (poderíamos estender hoje para os e-mails) enviadas à redação. Para ele, observar o comportamento, os gestos, os modos de se vestir e de falar ou de escrever dos leitores nos daria indícios mais concretos de quem é o leitor-padrão.

As estratégias sugeridas por Eco e Dines para a elaboração do público imaginado também podem se refletir no sucesso do veículo jornalístico. Se levarmos em conta que o leitor modelo ajuda o autor a direcionar, ainda que minimamente, os processos finais de interpretação, dar ferramentas ao jornalista produtor para conhecer melhor o público potencial do produto no qual trabalha (e suas demandas) aumenta as chances de esse veículo conseguir maior fidelização e, consequentemente, mais sucesso em vendas (ou audiência) e publicidade.

A palavra *cliente* é tão limitada quanto inexata. Um cliente, como define o *The American Heritage Dictionary of the English Language*, é "alguém que compra mercadorias ou serviços". Grande parte do jornalismo não é um serviço que se compra. É dado grátis – incluindo o que cobra a maioria dos sites de Internet, grande parte dos jornais semanais, noticiários de rádio e noticiário televisivo. De modo geral, só os grandes jornais metropolitanos e revistas são vendidos por determinado preço ao seu público, e ainda assim com prejuízo.

Na verdade, em lugar de vender conteúdo aos clientes os praticantes do jornalismo constroem uma relação com seu público baseada nos seus próprios valores, capacidade de análise e julgamento, autoridade, coragem, profissionalismo e compromisso com a comunidade. Ao fornecer tudo isso o jornalista cria uma ligação com o público que as organizações jornalísticas então alugam aos anunciantes (KOVACH; ROSENSTIEL, 2003, p. 98).

Assim, no jornalismo, o leitor imaginado tem de guiar o jornalista não só na linguagem da narrativa, como visto em Eco, mas também na concepção e na execução das pautas, na definição de hierarquia de informações e na apresentação dos textos, imagens e outros elementos gráficos, porque esses recursos são etapas importantes do processo de significação – e que, se bem direcionados, ajudam a chamar a atenção do público esperado. O produto como um todo se atualiza (e "funciona") no momento em que um leitor tem acesso a ele e gosta do que vê e lê. O jornalista e professor Luiz Costa Pereira Junior ressalta que a mensagem não é resultado só da vontade unilateral de alguém (a primeira pessoa, o "eu" veículo). Para ser assimilado, o discurso (verbal, visual, oral) incorpora o "você", o interlocutor, o público, que é âncora para vôos-solo mais ousados. A diagramação, como o texto, é constituída na reversão dos papéis "eu" e "você". Para que o que eu digo não vire delírio individual, preciso dizer de tal modo que o outro compartilhe. O "você" é sempre parte do "eu" jornal, seu discurso é omnipessoal (para mais de uma pessoa), não unipessoal. O jornal se apresenta, como totalidade de significação, um coletivo que se adensa numa unidade plena, como se sujeito fosse (PEREIRA JUNIOR, 2006, p. 99).

2.1. O interesse pelos pequenos

Há, entre os produtos jornalísticos atuais, além dos suplementos de jornais, alvo desta pesquisa, telejornais (esses mais raros e não presentes no Brasil – o canal de TV pago Cartoon Network tinha, na época desta pesquisa, algo semelhante, porém com "notícias inventadas"), revistas e sites dedicados a crianças, uma faixa etária que, segundo a concepção atual (no capítulo 1, busco mostrar a instabilidade do conceito de criança ao longo da história), dá os primeiros passos no mundo da escrita e da leitura e começa a compreender mais o mundo e a sociedade em que vive.

No caso dos suplementos de jornal pago, há uma singularidade: a criança não é leitora do veículo por livre escolha, mas chega até ele pelo intermédio de pais ou responsáveis – estes, sim, escolhem o *seu* jornal, aquele que melhor dialoga com seus pontos de vista e linguagem – ou, possivelmente com menos frequência, pelas escolas, que usam o material jornalístico em sala de aula. Ainda que não sejam vendidos diretamente para o seu público, esses suplementos também concebem um leitor imaginado (um condutor para a sua produção jornalística), totalmente vinculado ao público adulto do veículo, seguindo suas características sociais e econômicas, mas tendo em mente que

> escrever para crianças [...] é uma tarefa difícil para um adulto, pois qualquer um que o fizer não fará parte do grupo para o qual está escrevendo, mas necessariamente já o fez um dia. Todos os jornalistas têm imaginários relativos à sua própria infância e, ao mesmo tempo, sobre a infância de hoje, e é a partir disso que eles se comunicam com as crianças (FURTADO, 2009).

Segundo Soares, a razão para o investimento das redações nesse tipo de caderno não estaria no retorno publicitário imediato, mas na crença de que as crianças leitoras de hoje têm de ser cativadas para se tornarem a audiência que sustentará o periódico amanhã. Em sua pesquisa sobre alguns dos cadernos feitos para crianças no jornalismo brasileiro a autora diz que

> todas as empresas [seu trabalho incluiu "Estadinho" e "Folhinha", objeto deste estudo] bancam integralmente a produção do caderno para crianças. O lucro com as inserções de anúncios nos suplementos é tão irrisório que os jornais não os veiculam com regularidade. A falta de interesse dos anunciantes em colocar publicidade nas publicações infantis é

o principal motivo; passam-se meses, segundo os representantes comerciais das empresas, sem que haja anunciantes. Entretanto, os jornais não estão interessados em fazer dessas publicações produtos comerciais, mas prestadores de serviço para pais, escolas e crianças (SOARES, 1999, p. 53).

No trabalho de Caetano, a então editora do "Estadinho", Ana Cristina Padiglione (que participou de algumas das edições do suplemento analisadas neste trabalho; o suplemento ficou sem editor formal de abril de 2009 até maio de 2010), corrobora essa afirmação e diz ainda que acredita que "a iniciativa de criar um suplemento específico para crianças tem como objetivo atingir um público que pode vir a se tornar seu leitor quando adulto" (CAETANO, 2005, p. 45). Na *Folha*, uma reflexão de um ombudsman nos sugere um posicionamento pouco definido. Em coluna publicada no dia 18 de janeiro de 2009, sob o título de "Como atrair os jovens para o jornal" (acessada em http://www.observatoriodaimprensa.com.br/artigos. asp?cod=521VOZ001), o jornalista que ocupava o cargo na época, Carlos Eduardo Lins da Silva, ao debater as estratégias do periódico para atrair jovens, diz que "o esforço da *Folha* para conquistar leitores das faixas etárias iniciais se concentra em dois suplementos semanais", a "Folhinha" e o "Folhateen" (para adolescentes). Em sua análise, ele explicita que "a aparente pouca importância que o jornal dá ao assunto" o assustou, já que a Secretaria de Redação da *Folha*, em resposta a dez perguntas elaboradas por ele, mandou um breve texto, "sob o argumento de que a maioria das informações solicitadas é sigilosa", transcrito abaixo:

"A Folha acredita que a melhor forma de atrair o público jovem é produzir, diariamente, um jornal melhor, independente, mais completo, aprofundado e com a preocupação de ser crítico e plural. Todos os dias e em todos os seus cadernos, busca trazer diferentes aspectos da realidade" (LINS DA SILVA, 2009).

Sobre a resposta, Lins da Silva diz que "em vez de concentrar esforços e recursos para chamar para si os jovens, o jornal parece preferir esperar que eles sozinhos, ao amadurecerem, venham a substituir seus pais e avós como leitores, apesar das indicações de que tal reposição não está acontecendo" (teço mais análises sobre esse processo, em meio à imersão da internet, na p. 93).

Como o trabalho de Soares foi publicado em 1999, podemos questionar se o mercado publicitário ainda se comporta da mesma maneira e se os jornais ainda têm prejuízo, ao invés de lucros, com seus suplementos infantis. Relatório da Andi (Agência de Notícias dos Direitos da Infância) e do IAS (Instituto Ayrton Senna), de 2002, analisou 36 cadernos feitos para as crianças em jornais brasileiros e mostrou que anúncios publicitários estavam "presentes em 49% dos cadernos infantis monitorados. Em mais de 21% das edições analisadas, eles ocupam mais de uma página da publicação [...], cerca de 25% da média de seis páginas dessas publicações, com evidente prejuízo para a abordagem de conteúdo editorial" (ANDI; IAS, 2002, p. 32).

Na "Folhinha", por exemplo, a publicação de anúncios ganhou força em outubro de 2006, com um especial de Dia das Crianças em que foram publicados vários anúncios classificados: das 20 páginas (normalmente o suplemento tem oito), quase 60% eram ocupadas com propaganda. O fato foi alvo de uma coluna do então ombudsman do jornal, Marcelo Beraba, em 15 de outubro de 2006 (acessada em (http://www1.folha.uol.com.br/fsp/ombudsma/ om1510200601.htm), que chamava a atenção para a proporção desmedida da propaganda no caderno.

> A FOLHINHA, suplemento infantil da *Folha*, traz no seu miolo, desde 19 de agosto, páginas de anúncios classificados voltados para as crianças e para os pais. A iniciativa do departamento comercial tem como objetivo óbvio atender à procura crescente, por parte dos anunciantes, de acesso a esse público. Pode-se ter uma idéia da importância do mercado pelo volume de anúncios nas TVs [...] Os jornais precisam de anúncios para garantir sua saúde financeira; e os anúncios, inclusive os classificados, são fontes de informação e orientação para os leitores. O ponto é saber que papel têm na educação e na formação das crianças (BERABA, 2006).

Conforme esclareço no capítulo 4, não é intenção desta pesquisa debater questões mais institucionais das empresas mantenedoras dos veículos. Por isso, não aprofundaremos esse debate aqui. Busco apenas ressaltar o possível retorno financeiro que os cadernos infantis também podem oferecer.

2.2. A dialogia

Para definir o leitor imaginado de modo a envolvê--lo verdadeiramente na sua produção jornalística, acredito que seja preciso, além de seguir as estratégias sugeridas por Eco, procurar entender o processo de comunicação (mediação) social de acordo com a concepção do "signo da relação" (ou *linguagem dialógica*), desenvolvido por Medina (2006). A autora condena o "signo da divulgação" – no qual o jornalista trabalha informações descontextualizadas, fornecidas por instituições e personalidades consagradas – e propõe, em contrapartida, a comunhão entre técnica, ética e estética, com a união da competência racional com a ética sensibilizada e a estética renovadora. Essa seria uma forma de sustentar a prática jornalística transformadora, que muda o cotidiano, e não apenas o descreve.

Assim, o repórter deve utilizar uma técnica competente, que una diferentes vozes, busque novos protagonistas, inter-relacione circunstâncias e mergulhe nas razões culturais e nos prognósticos. Sem buscar uma conclusão, um fim pronto e incontestável, a narrativa jornalística (da contemporaneidade, que tece o nosso presente) deve escancarar o dinamismo, a construção em andamento, as múltiplas facetas do fato que narra.

Para trabalhar com essa técnica pluralista e que foge ao esquematismo da realidade, é preciso deixar-se guiar pela ética, que aparece agora sensibilizada pelo contato com o "outro" (que, indo além do pensamento de Medina, creio que também possa ser entendido como o leitor modelo), ou melhor, pela sua aceitação, traduzida na palavra "afeto". O objetivo é que esse ato solidário substitua uma ética personalista e interiorizada (mais próxima da moral), ou até mesmo a ausência de ética. Para isso, segundo a autora, é preciso que o jornalista se abra para a investigação (definição sucinta para reportagem) e para a sensibilização (para isso, Medina sugere o contato com a arte). Os atos de ir ao campo e à pesquisa e de se deixar influenciar pela produção artística, que escancara as inquietações e os desafios humanos, abrem o repórter à interação social, o humanizam e o sensibilizam. "Se a comunicação social se propõe a ação solidária, construir redes de significação contemporânea, terá de pesquisar, sensibilizar-se e praticar as dialogias" (MEDINA, 2003, p. 74).

Tomando como base a proposta de Dines de que a criança leitora imaginada pode ser composta por "elementos" de todos os meninos e todas as meninas que o jornalista observa e ouve no seu cotidiano e no seu trabalho, creio que é preciso enxergar o pequeno leitor modelo de acordo com o conceito de infância que defendo neste trabalho: criança-sujeito ativa no mundo, que, apesar de ainda estar formando sua personalidade e conquistando degraus de cidadania, já faz parte da sociedade, compreendendo e sobretudo sentindo os problemas, as alegrias, as frustrações em sua volta. O principal obstáculo para esse movimento é o medo que temos do *outro*. Ele não é um campo aberto, sem obstáculos que dificultam a caminhada. Ter contato com o outro significa encarar o diferente e o desconhecido, enfrentar resistência, abrir brechas na desconfiança, conquistar a parceria e, por vezes, descobrir-se inferior à sua inteligência, à sua sensibilidade ou à sua integridade – ou surpreender-se com ele.

Assim, para delinear o seu leitor imaginado, o jornalista tem de enfrentar esse temor, enxergando o outro, a criança (empírica e, consequentemente, também a imaginada) como alguém a ser cada vez mais conhecido e ouvido, sem subestimá-lo, e não como pedra bruta a ser totalmente moldada (direcionada, ensinada). Porque o ser humano (seja criança, seja adulto) não é inerte receptor de mensagens, mas sujeito ativo, consciente de sua presença no mundo, que inter-relaciona, analisa e discute o que lê, o que vê, o que escuta e o que sente, com as limitações inerentes ao seu grau de desenvolvimento físico e intelectual (ver p. 36-38).

Além disso, Eco diz que as competências desse leitor modelo podem ser erroneamente previstas se houver, entre outros, preconceito cultural e subvalorização das circunstâncias de destinação. Assim, é preciso, no caso do jornalismo infantil, refletir e pesquisar antes de decidir que determinados temas não são territórios de criança, que são assuntos chatos e herméticos, que não interessam nem são acessíveis aos pequenos leitores.

Seguindo esse caminho, Medina diz que o repórter pode ser, de fato, chamado de autor. Sensibilizado, solidário com o outro e aberto à polissemia e à polifonia da realidade, ele renova a estética de seu trabalho e ajuda a modificar o cotidiano (da criança). Sua marca está agora no texto, não apresentada pela simples assinatura, mas pela atribuição de diferentes sentidos ao mundo. É todo esse trabalho textual, fundamentado e complexo, que é atualizado pelo leitor, empírico, na cooperação descrita por Eco.

> Para oxigenar a pauta viciada, nada melhor do que ir à rua. Dos convivas do cotidiano podem surgir vetores de renovação na atmosfera claustrofóbica de uma redação. A autoria criativa recebe do gesto e da voz dos saberes cotidianos uma inspiração inestimável que não se circunscreve nas ideologias de grupos nem em um paradigma científico absoluto. Tal inspiração desperta a respiração profunda e coletiva que

desborda um sentido fragmentado e descortina uma *visão de mundo*.

Ideologia, paradigma e visão de mundo, outra escala de aprofundamento para o aprendiz de mediações socioculturais do presente [jornalista]. Mexer com as subjetividades que a dialogia social presentifica faz vir à tona tanto a visão de mundo do interlocutor quando a visão de mundo do comunicador (MEDINA, 2003, p. 79).

Capítulo III – Jornalismo e os pequenos leitores

3.1. Suplemento, hoje

Se este texto tem como foco os suplementos feitos para crianças em dois jornais paulistas, acredito ser necessário estudar um pouco o papel desempenhado por esse tipo de publicação na imprensa escrita do Brasil nos nossos dias.

Em primeiro lugar, a definição. O dicionário *Houaiss*, na rubrica "jornalismo", diz tratar-se de "página ou caderno, geralmente ilustrado e com matéria especial, que em determinados números de jornal ou revista *se acrescenta* à matéria ordinária" [grifos nossos]. O *Manual da redação Folha de S. Paulo*, no verbete "suplementos", no capítulo "Procedimentos" (etapas de produção do jornal), fala que:

> Sua principal característica é não terem periodicidade diária, mas semanal ou mensal, com circulação regular em dias definidos da semana ou do mês. Em geral, distinguem-se por:
> • tratar de assuntos de interesse específico;
> • ser voltados para públicos definidos;
> • tratar de temas de interesse geral, mas de maneira mais aprofundada (FOLHA DE S.PAULO, 2001, p. 48).

Ainda segundo o *Manual*, os suplementos voltados para crianças e adolescentes, foco desta pesquisa, se enquadram no segundo caso. No primeiro, estariam os cadernos que contêm classificados e, no segundo, publicações voltadas para informática ou que "aprofundam temas da cultura e da sociedade" (FOLHA DE S.PAULO, 2001, p. 49). É interessante notar ainda que, no capítulo "Padronização e estilo", o jornal orienta seus jornalistas a adotarem em seus textos o termo *caderno* ou *caderno semanal*, e não *encarte* ou *suplemento*. No *Manual de redação e estilo de O Estado de S. Paulo* e no site oficial do jornal (http://www.estadao.com.br), não há referências sobre as expectativas que a publicação tem em relação a seus suplementos. Busquei ainda, em minha pesquisa bibliográfica, encontrar autores que dessem a sua definição desse tipo de caderno, mas o trabalho foi infrutífero.

Ao costuramos as duas informações disponíveis podemos afirmar que, para a "Folha", o suplemento é mais do que um "acréscimo" ao texto "ordinário": é uma publicação autônoma, com níveis diferentes de especialização e públicos específicos. A opção por tratar seus produtos como cadernos, e não como suplementos, pode ser um indício de que o jornal não vê esse tipo de veículo como acessório, como a definição do dicionário indica, mas integrado ao restante do jornal.

A pesquisadora Carmem Carvalho diz que os suplementos são o espaço em que o jornal mais dialoga com a revista, pelo design gráfico elaborado e pela linguagem mais refinada. Para a autora, os cadernos semanais ou mensais de hoje ressuscitam um processo que ocorreu com os jornais na década de 60, com a emblemática reforma do *Jornal do Brasil* realizada para enfrentar a concorrência com a televisão, que se fortalecia na época. Nessa mudança, chamada por Dines (1986, p. 70) de "revistização" e que contaminou outros periódicos brasileiros na época, o jornal passou a investir num formato mais analítico (a TV já supria o noticiário mais simples), organizado e prazeroso de ler, com reformas gráficas, seleção mais criteriosa de notícias, distribuição de textos por temas afins e investimento na cobertura especializada, sobretudo nas áreas de economia (as crises financeiras da época o exigiam) e internacional. Para ela,

> os suplementos apresentam-se como um jornalismo de contradições: ao terem uma circulação semanal dentro de um jornal diário; ao apresentarem uma temática única inserida numa versão de assuntos gerais; ao dirigirem-se a um público específico ao mesmo tempo em que a um mais amplo; ao optarem por um estilo trabalhado de reportagem junto ao relato factual dos acontecimentos; ao contrastarem em suas páginas uma estética ousada junto ao tradicionalismo do jornalismo diário. É a "revistização (Dines, 1996:70)" do jornal de uma forma mais agressiva e consolidada (CARVALHO, 2007).

A autora também cita o tempo como outro ponto de aproximação entre o jornalismo de suplemento e o de revista. Como há mais dias para preparar as edições, há possibilidade de se dedicar com afinco a pesquisas e entrevistas. O texto fica assim parecido a uma reportagem feita para os magazines, com "estilo livre das amarras do tradicionalismo do jornalismo diário" (CARVALHO, 2007).

Para Marcondes Filho, a cobertura especializada e aprofundada – que, é claro, também pode estar presente nos cadernos diários, mas é essencial aos suplementos – é usada

como estratégia pelos jornais (também agora) para sobreviver ao advento de novas tecnologias de comunicação: os
sistemas de transmissão de informação informatizados.

> O jornalismo impresso, agora reduzido e
> debilitado, tende a se concentrar nos dossi-
> ês, análises e comentários e na imprensa es-
> pecializada. Ele deixa de existir como gran-
> de sistema de divulgação em massa, como
> ocorreu especialmente na primeira metade
> do século 20, transferindo essa função de
> ampla difusão ao rádio e sobretudo à TV e
> a função de atualização econômica, anún-
> cios, consultas à Internet (MARCONDES
> FILHO, 2002, p. 145).

Porém, na hipótese de Marcondes Filho, a especialização analítica não basta para a sobrevivência dos jornais
(ou do jornalismo como um todo): diante do turbilhão de
informações que nos chegam pela rede mundial de computadores (e não só pelos veículos jornalísticos on-line), é
preciso que o jornalista seja aquele que junte informações,
de maneira crítica e interpretativa, e as apresente ao público em formato mais agradável, fortalecendo sua função
de *gatekeeper*, porém de maneira mais elaborada e criativa.
Descrição essa que parece se afinar com as características
do suplemento expostas por Carvalho.

Durante a realização desta pesquisa, recentes reformulações de jornais impressos indicavam também que os
suplementos são parte importante nos projetos gráficos e
editoriais dos periódicos brasileiros. Como exemplo, aponto
para a reforma de *O Estado de S. Paulo*, ocorrida em março
de 2010. Texto do dia 7 de março, retirado do site do jornal

(http://www.estadao.com.br/noticias/vidae, estado-renova-
-projeto-grafico-lanca-cadernos-e-amplia-portal,520709,0.
htm), com o título de "'Estado' renova projeto gráfico, lança
cadernos e amplia portal", diz que

> o impresso ganhará novos cadernos e seções
> e ficará mais agradável de ler, diversificado,
> analítico. "Conversamos muito internamen-
> te, visitamos redações em vários países, fize-
> mos muitas pesquisas e filtramos o que mais
> se adequava ao nosso caso", explica Roberto
> Gazzi [editor-chefe do Estado].
> [...] Todos os suplementos receberam nova
> "roupagem" e tiveram seus conteúdos revi-
> sados. Como o novo Estadinho, que ganhou
> formato de gibi. "Vamos expandir o conteúdo
> editorial, organizando eventos e elaborando
> debates e publicações extras", resume Ilan
> Kow, editor-chefe de Publicações.

Em outro texto, que tem o título de "Projeto dá
sequência a avanços", (http://www.estadao.com.br/estada-
odehoje/20100307/not_imp520533,0.php), o jornal afirma
que a mudança continua processo iniciado havia seis anos.

> O redesenho [...] é resultado de um esforço
> contínuo de melhoria, que começou com a re-
> forma de 2004. Assessorado pela consultoria
> Cases i Associats, o projeto daquele ano deu
> ao jornal novos cadernos e seções e uma dia-
> gramação mais moderna. As inovações segui-
> ram nos anos seguintes com a criação do ca-
> derno "Paladar" e a reforma de suplementos.

Ou seja, esboçava-se um movimento que não só au-
mentava o número de suplementos, diversificando temas e

atraindo mais público, mas também transfiria o que os suplementos têm de melhor – análise e visual mais elaborados – para o restante do jornal. O desafio parece ser o de fazer em menos tempo, na cobertura diária, pelo menos um pouco daquilo que os cadernos semanais e mensais procuram realizar (se fazem isso de forma competente ou não é assunto para outros estudos como o desta dissertação). A revista transferiu qualidades para os suplementos de jornais, mas não a ponto de transformar todos em cópias dos magazines (há exceções), porque os cadernos mantiverem formatos, apresentação gráfica e linguagens distintos daqueles usados pelos magazines, como o uso frequente do *standart*, a ausência de índice e o menor número de páginas. Agora, são os suplementos que parecem transmitir para as editorias diárias alguns de seus valores característicos. Como o tempo e a possibilidade de produção dos diários são muito diferentes dos pertinentes aos semanais e mensais, veremos, no futuro, se um novo jornal sairá dessa mescla.

3.2. Suplementos infantis

O direito da criança de ter acesso às mídias e participar do debate público está assegurado na Convenção Internacional sobre os Direitos da Criança, aprovada pela Assembleia-Geral da ONU (Organização das Nações Unidas) em 1989 e assinada pelo Brasil em 1990:

> Art. 13. 1 – A criança terá direito à liberdade de expressão. Esse direito incluirá a liberdade de procurar, receber e divulgar informações e idéias de todo tipo, independentemente de fronteiras, de forma oral, escrita ou impressa,

por meio das artes ou de qualquer outro meio escolhido pela criança [...]

Art. 17. 1 – Os Estados Partes reconhecem a função importante desempenhada pelos meios de comunicação e zelarão para que a criança tenha acesso a informações e materiais procedentes de diversas fontes nacionais e internacionais, especialmente informações e materiais que visem promover seu bem-estar social, espiritual e moral e sua saúde física e mental. Para tanto, os Estados Partes: a) incentivarão os meios de comunicação a difundir informações e materiais de interesse social e cultural para a criança.

Veículos de comunicação destinados a crianças podem ser canais importantes para os meios de comunicação cumprirem essa função descrita pela Convenção. Na mídia impressa brasileira, as crianças têm à disposição páginas exclusivas apenas semanais: suplementos tabloides distribuídos normalmente aos sábados, elaborados por equipe reduzidas. A exceção fica para o caso do jornal *Zero Hora*, que em maio de 2006 iniciou uma seção praticamente diária chamada "Para o seu filho ler", com notas inseridas em textos de outras editorias – ainda que estudos preliminares apontem que os textos não têm despertado o espírito crítico das crianças.[1] Mas, em geral, o jornal não inclui seus pequenos leitores nas reuniões de pauta de todos os dias e não cede a eles grandes espaços em suas páginas diárias.

Relatório realizado pela Andi e pelo IAS, em 2002, sobre 36 suplementos feitos para crianças, diz que

---

1   Ver FURTADO, 2009.

uma prova de que os cadernos infantis têm recebido um tratamento periférico por parte das empresas jornalísticas é que a maioria desses suplementos é produzida por uma só pessoa, que acumula as funções de repórter, editor, fotógrafo e revisor. Esse "faz-tudo" vive a experiência como treinamento para a profissão de jornalista. O resultado dessa situação é problemático: nos últimos 20 anos, enquanto os demais suplementos de jornais adquiriam novos formatos e maior interação com o leitor, os espaços infantis pouco se modernizaram ou qualificaram (ANDI; IAS, 2002, p. 28).

Na "Folhinha", objeto de estudo desta pesquisa, as edições estudadas foram produzidas por uma redação composta de editora, editora-assistente e um repórter ("freelancer", não contratado), além de colaboradores. No "Estadinho", era apenas uma repórter (outros profissionais do jornal ajudavam no fechamento, mas o caderno ficou sem um editor, formalmente contratado para o cargo, de abril de 2009 a maio de 2010).

Segundo o texto, além da estrutura precária, os tabloides, em geral, não têm projetos editoriais consistentes e público leitor bem definido. O investimento na planificação poderia fazer que os cadernos, além de oferecerem entretenimento, pudessem também diagnosticar e atender (e até antecipar) as demandas das crianças e abordar assuntos de sua cena social, ampliando seu senso crítico e sua capacidade analítica, sem abrir mão do lúdico, da interatividade e dos recursos visuais. Para as entidades, os editores tomam o caminho inverso dessa proposta, adotando "visão muito redutora das capacidades de 'leitura' dos acontecimentos e das notícias pelas crianças. Em decorrência desse preconceito, não levam em conta a realidade social que as cerca, tratada nos jornais de forma simplista" (ANDI; IAS, 2002, p. 29).

Uma década depois do estudo, este trabalho pode ajudar a entender se, pelo menos em uma amostra dos cadernos infantis brasileiros, há informação contextualizada (com linguagem e apresentação adequadas a esse público, é claro), conectada aos interesses das crianças e com desenho gráfico atraente, seguindo não apenas a sugestão da Andi e do IAS mas também o modelo de suplemento de jornal, exposto no tópico acima. Ou se os textos interpretativos, que analisam os fatos sociais e inserem a criança nesse contexto, estão em plano inferior ao dos recursos de entretenimento e apelos comerciais, expostos nos lançamentos de peças de teatro, desenhos animados, livros, jogos eletrônicos e brinquedos. Busco entender ainda se é dada, aos meninos e às meninas leitores, a prerrogativa de entender melhor o que ocorre em seu país, em seu Estado, em sua cidade e em sua escola e se há textos que abordam seus medos, inseguranças e comportamentos. Afinal, como mostra o *Manual da redação Folha de S. Paulo*, todos os suplementos desse jornal "devem visar permanentemente a investigação jornalística original e aprofundar e responder ao interesse e à curiosidade dos leitores, por sua utilidade, sua originalidade e seu didatismo" (FOLHA DE S.PAULO, 2001, p. 49).

3.2.1. Origens: breve relato

Observei, em minha pesquisa, a quase inexistência de estudos que resgatem publicações de jornais voltadas para crianças. A pesquisa bibliográfica – realizada nos acervos dos cursos de jornalismo da Escola de Comunicações e Artes da Universidade de São Paulo, da Pontifícia Universidade Católica e da Universidade Metodista, em São Paulo, e da Universidade de Brasília, no Distrito Federal, e nos anais do Congresso Brasileiro de Ciências da Comunicação e do Encontro Nacional de Pesquisadores em Jornalismo – trouxe um trabalho de Leonardo Arroyo, de 1968, voltado à literatura infantil, no qual o autor dedica um capítulo ao levantamento dos veículos que, de modo precursor, se destinaram a crianças e adolescentes no Brasil, desde o período colonial (primeira metade do século XIX), mostrando que muitos desses jornais nasceram nas escolas, com preocupação didática e divulgando a produção literária para os pequenos. Além disso, ocupavam de alguma maneira o lugar do livro, então de difícil acesso. Não foi localizado nada parecido em publicações posteriores.

> Eram veículos que recebiam e faziam circular as primeiras manifestações literárias de intelectuais, escritores e poetas, que mais tarde, muitas vezes, se salientariam no país das letras. Era, de certo modo, a meninada pedindo leitura, literatura que, praticamente, não existia e que ela mesma começava a fazer (ARROYO, 1968, p. 140).

A publicação desses jornais infantis/escolares foi intensa até o início do século XX, com o surgimento da revista *Tico-Tico*, em 1905. Arroyo diz que a publicação se tornou, por mais de meio século, "leitura obrigatória" para as crianças brasileiras, mas que isso só foi possível porque os jornais escolares já tinham criado esse hábito no público infantil.

A parte recreativa, a mais importante da revista, consistiu ao longo do tempo de HQ cujas personagens ainda vivem no imaginário das pessoas maiores de 60 anos. Outra estratégia para atrair leitores, componente notável da revista, foi a diversidade temática e os gêneros que, autóctones, traduzidos ou adaptados, foram incorporados ao seu conteúdo infantil, passando informações que pareciam privativas de publicações adultas. *O Tico-Tico* propunha sempre relatos amenos que forneciam cultura geral, resumida e vasta, algo que a escola de então podia até conjeturar, mas não oferecia sistematicamente. *O Tico-Tico* educava ao mesmo tempo que divertia e tornou-se emblemático na imprensa brasileira (CARDOSO, 2008).

A mais antiga publicação vinculada a um jornal encontrada na pesquisa é o "Globinho", de *O Globo*, surgido em 1938 e publicado na edição vespertina de sexta-feira do periódico. "Além de histórias em quadrinhos, o veículo também organizava séries de reportagens sobre grandes personalidades, tendo sido Abraham Lincoln o tema do primeiro número" (FISCHBERG, 2007, p. 37). Não encontrei nenhum trabalho que investigou as razões da criação do veículo nem se houve alguma publicação estrangeira que a tenha inspirado.

O fortalecimento da literatura infantil no Brasil, na década de 1970 (quando seu uso em escolas tornou-se obrigatório), deu estímulo à criação de suplementos infantis pela imprensa nacional, segundo Alves (1993). Nesse trabalho, a autora faz um levantamento simples, apenas com alguns títulos publicados no país em 1988 – 34, então circulando nas principais capitais –, e também apresenta um estudo de caso sobre o *Sport Gang*, veículo impresso destinado a crianças de caráter independente, ou seja, não vinculado a um grande periódico, e, além disso, comercializado em bancas (o primeiro jornal infanto-juvenil a ser vendido nesses estabelecimentos, no Brasil, segundo a pesquisadora).[2]

O relatório de 2002 da Andi e do Instituto Ayrton Senna analisou 138 edições (média de quatro por suplemento) de 36 suplementos infantis, de jornais de 28 cidades de 13 Estados. A entidade não explicou se esses foram todos os suplementos encontrados em sua pesquisa ou se houve escolhas. Não vou aqui listar o nome dos veículos citados por Arroyo, Alves e Andi/IAS porque não quero fazer um inventário nominativo das publicações encontradas, mas apenas indicar trabalhos que se voltaram ao estudo de conjuntos de suplementos infantis brasileiros.[3]

---

2 Outros estudos focaram em um ou em alguns cadernos, geralmente abordando a recepção infantil a essas publicações ou a forma como algum tema aparecia nesses suplementos. A maior parte deles está listada nas referências bibliográficas deste livro, porque me serviram como auxílio em vários momentos da pesquisa. ARRUDA (1972) fala ainda da implantação do caderno infantil no *Jornal do Brasil*.

3 Apresentei, no XXXII Congresso Brasileiro de Ciências da Comunicação, em 2009, artigo sobre um raro caso de suplemento autônomo – desvinculado de um jornal – publicado no Brasil: o *Foquinha*, que foi publicado pela Editora Pedagógica Brasileira (hoje, Atualidades Pedagógicas) durante seis anos, de 1974 a 1980. Divulgado nas escolas de ensino fundamental, alcançava o país inteiro, mas a maioria de assinantes era de São Paulo e do Paraná. Com 16 páginas e colorido desde o início, teve 60 números, todos mensais. Em entrevista a mim concedida, o diretor da então Editora Pedagógica Brasileira, Arnaldo Soveral, criador do projeto, diz que "o *Foquinha* surgiu através do pensamento de ajudar a criança a obter melhores conhecimentos culturais de forma informal, alegre e divertida, pautado principalmente nas datas comemorativas".

3.3. 'Folhinha'

3.3.1. Trajetória

Como a recuperação da história do caderno "Folhinha" não é o foco deste trabalho, tenho a intenção, neste tópico, de fazer apenas um breve relato de sua trajetória, com base em fontes bibliográficas, apresentando um pouco das concepções editoriais que já a guiaram e que ainda a orientam – diretrizes que estão intimamente ligadas às profissionais que a coordenaram.

O suplemento foi publicado pela primeira vez em 8 de setembro de 1963,[4] sob o nome de "Folhinha de S. Paulo", com 16 páginas, em formato tabloide. O nome reduzido, apenas "Folhinha", surgiu em 29 de novembro de 1987. Segundo pesquisa de Mayra Ferreira (2006), a circulação inicial era aos domingos – o que se manteve até 1989. De 1º de abril de 1989 a 5 de agosto de 1994, foi publicado aos sábados e de 12 de agosto de 1994 a 12 de abril de 1997 circulou às sextas. Voltou aos sábados em 19 de abril de 1997, o que se mantém até hoje. Nessas décadas, teve entre 8 e 16 páginas (COSTA, 1992; FARAONE, 2001) – em 2010, ano de realização desta pesquisa, apresentou em média 8 páginas. O caderno começou a ser publicado totalmente em cores no ano de 2006.

Sempre feito em papel-jornal, o suplemento, hoje tabloide, teve, de acordo com Costa, formato vertical (meio tabloide), se aproximando a um formato de gibi, de maio

---

4   A "Tribuninha", de *A Tribuna*, de Santos (SP), foi o primeiro suplemento infantil da imprensa paulista, segundo Costa (1992), surgindo em 1960.

a setembro de 1974, passando a ser horizontal (ainda meio tabloide) de setembro de 1974 até 1977.

O suplemento foi até hoje editado por apenas sete jornalistas, todas mulheres: Lenita Miranda Figueiredo (tia Lenita), por 13 anos, Cecília Zioni, por 9 anos, Bell Kranz, por dois anos e meio, Mônica Rodrigues da Costa, por 17 anos, Sylvia Colombo, por dois anos, Patrícia Trudes da Veiga (desde maio de 2006 até 2011) e a atual (referimo-nos a 2013), Laura Mattos.

Costa fez um detalhado relato sobre as mudanças editoriais e gráficas do jornal até 1992, mas creio que não é necessário reproduzir esse histórico, em detalhes. O que me interessa é o fato de que a autora mostra a mudança do caderno: de um suplemento que gerava atividades em escolas, dava descontos em eventos, ensinava etiqueta e experiências científicas (edição de tia Lenita), ou que tinha caráter paradidático e abordava datas comemorativas, sob influência do regime militar (período de Zioni), para uma publicação que se preocupa com a linguagem utilizada e busca uma linha editorial mais definida, sem perder o vínculo com o gancho jornalístico. Costa, então à frente do suplemento, escreveu:

> Ao longo da história da *Folhinha*, e durante esse meu período frente à coordenação editorial do projeto, pode-se dizer que o suplemento vem se aperfeiçoando na direção de especificar um estilo linguístico do jornalismo escrito. De um suplemento sem linguagem própria [...], que usava expressões adultas, ou didáticas, com parágrafos longos e frases complexas de estrutura subordinativa, o caderno adquiriu agilidade verbal específica para falar ao

repertório infantil. Assimilou características do registro coloquial, que é dominante na infância. Para acompanhar a dinâmica de mudanças da *Folha* e do mundo, o suplemento estreitou seus laços entre estilo verbal e escolha de pautas centradas na produção cultural para a infância. Isso começou a partir do período editorial de Cecília Zioni [com um prenúncio de jornalismo noticioso para crianças] e foi radicalizado, enquanto procedimento, com Bell Kranz [com diagramação inovadora, apesar de fotos grandes fazerem parte do caderno desde o início, linguagem fácil e atraente e polêmicas, como a criação da tira Geraldinho, personagem-criança debochado do cartunista Glauco, embora sem a preocupação com gancho jornalístico], embora tivesse ainda características não-sistemáticas (COSTA, 1992, p. 48).

Em todo esse período narrado por Costa, a participação do leitor, por meio de cartas e concursos, e a publicação de tiras foram uma constante. Sobre as edições editadas por Sylvia Colombo, o trabalho de Jesus Carvalho traz uma entrevista com a jornalista em que ela disse que o caderno não tinha um projeto editorial próprio, mas estava inserido na linha jornalística da *Folha* como um todo. Além disso, ao responder o que determinava a identidade do suplemento, ela afirmou que:

> "Isso tem muito da mão do editor. Eu acho, por exemplo, que a 'Folhinha da Mônica' (a editora anterior), era muito bem feita, muito bem cuidada, mas tinha muito a cara dela ali, que era uma coisa mais voltada para preocupações sociais. Eu costumo classificar como

uma Folhinha um pouco mais séria. O que eu tento fazer, sem deixar de lado essa preocupação social que a Mônica tinha, é trazer um pouco mais para o lado cultural, até mesmo pela minha formação. Trabalhei na Ilustrada (Folha Ilustrada) muito tempo, então eu tenho essa preocupação de estimular a leitura, e tenho preocupação muito grande com o humor, assim, em convidar para ver o lado mais descontraído, mais lúdico, porque eu acho importante, em tempos de internet e de animações supertecnológicas na televisão, a gente ter como competir com eles. Então, eu acho que só jogando com um pouco de ironia, de humor, de colorido, a gente consegue isso. Sem perder de vistas as preocupações educativas do caderno" (JESUS CARVALHO, 2007, p. 237).

E, em resposta a um questionamento do então ombudsman, Marcelo Beraba, na seção publicada em 16 de novembro de 2004, sob o título de «O anúncio impróprio», ela contou que:

A Folhinha tem buscado aproximar os temas de suas capas a assuntos relativos à vida das crianças. Sem diminuir o espaço para reportagens de tom educativo e de estímulo à leitura, já tradicionais no caderno, buscamos introduzir assuntos que estão presentes no dia-a-dia. Daí a inclusão de pautas mais urbanas e relativas a consumo, que inegavelmente fazem parte do cotidiano das crianças. De maneira nenhuma a intenção é incentivar a 'vaidade desenfreada', e sim tratar desses temas com algum humor, e de forma parcimoniosa (BERABA, 2004).

3.3.2. 'Folhinha', hoje

A publicação é hoje o suplemento infantil de jornal com maior circulação no país, tendo em vista que o periódico a que está ligado, a *Folha de S. Paulo*, lidera a tiragem e a venda de jornais diários pagos no Brasil – números divulgados pela Associação Nacional de Jornais e auditados pelo Instituto Verificador de Circulação indicam que, em 2012, a circulação diária média da *Folha* foi de 297.650 exemplares. O *Super Notícia* veio em segundo lugar, com 296.799 exemplares/dia, seguido de *O Globo*, com 277.876, e de *O Estado de S. Paulo*, com 235.217.[5] Nas edições analisadas, o suplemento teve em geral 8 páginas. Nos cadernos mais próximos do Dia das Crianças e do Natal, as páginas chegaram a 12, por conta do aumento do número de anúncios.

Patrícia Trudes da Veiga, editora do suplemento durante a realização desta pesquisa, diz que a "Folhinha" quer:

> atingir a infância contemporânea com suas dificuldades, problemas, mudanças sem impor, julgar modelos e percepções antigas. Ao mesmo tempo, nossa preocupação é de traduzir o noticiário adulto e também tratar a moda infantil, mas sempre com olhar crítico (FERREIRA, 2006, p. 47).

Quanto à linha editorial, a "Folhinha" afirma seguir a diretriz de todos os suplementos da *Folha*,

> o que significa fazer um suplemento de serviço, dando informações e serviços para as crianças e definido para elas. Segundo

---

5   Circulação média diária no período de janeiro a dezembro.

Patrícia, no suplemento, tenta-se fazer um acompanhamento da vida infantil, o que está envolvido em sua vida desde entretenimento, vida escolar a informação sobre sua cidade, país e mundo, transportando para seu universo (FERREIRA, 2006, p. 46).

Assim, Veiga parecia querer alinhar o suplemento mais com assuntos do dia a dia das crianças do que com intenções literárias, de estimulo à leitura, aparentemente tão presentes durante a edição de Colombo. "Para a editora, o suplemento pratica uma educação não formal para ampliar o repertório infantil e ao falar de alguns temas, como as problemáticas infantis, exploram-nos de maneira lúdica para facilitar a compreensão" (FERREIRA, 2006, p. 47). De acordo com o site da *Folha* (http://www1.folha.uol. com.br/folha/conheca/suplementos.shtml), o suplemento "publica reportagens e fotos em sintonia com os interesses das crianças, além de seus personagens preferidos, quadrinhos, passatempos, brincadeiras e promoções".

Durante a implantação de um novo projeto gráfico no suplemento, em 2006 – concepção que estava em vigor quando foi feita a análise de textos presente neste trabalho; a *Folha* promoveu uma nova reforma, em todo o jornal, no fim de maio de 2010 –, o jornal realizou uma pesquisa em 20 escolas, para descobrir os temas mais queridos pelas crianças (FERREIRA, 2006). O preferido foram os bichos, seguidos de quadrinhos e tecnologia. Em último lugar aparecia sexo/relacionamento, fato que a redação creditou não a uma real falta de interesse, mas à vergonha de dizerem que têm curiosidade sobre isso

PEQUENO LEITOR DE PAPEL 79

(pudor que, segundo conceito de Postman, está diminuindo cada vez mais; ver capítulo 1).

Nas edições analisadas, há poucas seções fixas: "Interação", que ocupa sempre a página 2 e traz a opinião de uma ou mais crianças sobre produtos como livros, brinquedos, jogos e DVDs, além de carta de leitores (que a "Folhinha" chama de "Recado") e desenhos por eles enviados. Na última página, a 8, há a seção de "Quadrinhos", em geral, com duas tirinhas (com desenhos de nomes como Laerte, Adão, Jão e João Montanaro, que se revezam). A matéria de capa ocupa, em geral, as duas páginas centrais. As demais têm matérias jornalísticas, cujo "chapéu" é normalmente o tema do texto, como "Ciência", "Ambiente", "Cinema", "Livro", "Tecnologia", "Consumindo ideias" (espécie de coluna, com ideias de diversão sem consumo, como fantasias e presentes feitos em casa, com texto elaborado por representante de uma ONG com essa bandeira, o Instituto Alana); "Entrevista", "Bate-papo"; "Passeio"; "Exposição"; "Animação"; "Moda"; "Teatro", "Show"; "Passeio"; "Minissérie" (contos) e "TV". Há ainda uma seção recorrente, chamada de "HQGráfico", de uma página, com uma tira e um texto explicativo sobre temas atuais, sobretudo de ciência e meio ambiente. É grande o uso de cores e de recursos gráficos, como fotos, ilustrações, artes (infográficos) e textos envolvidos por formatos coloridos, como tracejados ou bolas.

O caderno é feito para crianças de seis a 12 anos, mas a redação acredita que os meninos e meninas que têm mais contato com o suplemento se restringem a uma parcela dessa faixa etária. "Sabemos, informalmente (pelo retorno dos leitores), no entanto, que é a criança com 9 e dez anos que lê bem o caderno, já que tem mais domínio da leitura", diz Gabriela Romeu, então editora-assistente da "Folhinha".[6] Eis aí um dos gargalos apontados pela Andi e pelo Instituto Ayrton Senna, em seu relatório de 2002 (ver p. 72), em que analisa suplementos infantis nacionais. O texto diz que 63,9% das 138 edições estudadas dizem claramente que querem atingir crianças de sete a 12 anos, um período de formação e desenvolvimento da capacidade de leitura. No entanto, sabe-se que

> crianças de sete anos e de 12 anos vivem realidades muito diversas: o processo de letramento e alfabetização aos sete anos é muito preliminar à situação em que um (a) garoto (a) se encontra aos 12, tomando-se por referência o processo regular brasileiro de escolarização. Para atingir toda a faixa etária pretendida, os cadernos infantis deveriam utilizar de modo distinto a linguagem verbal. É uma providência fundamental no sentido de formar o futuro leitor assíduo (ANDI; IAS, 2002, p. 29).

Nesse caso, a recomendação do relatório é a de "enfocar os temas com *discursos* dirigidos aos leitores dos dois extremos etários [grifo nosso]" (2002, p. 36), porque, ao tentar alcançar todos, os veículos podem não falar para ninguém – sem no entanto sugerir a criação de dois cadernos infantis dentro da mesma publicação. Costa, em dissertação de mestrado que fez um estudo de recepção voltado à "Folhinha", diz, em suas conclusões, que "no plano ideal, dada a diferença de repertório vocabular, deveriam existir dois suplementos

---

6   Entrevista concedida à autora na fase inicial da pesquisa.

infantis. Um para crianças de sete a nove anos e outro para as de dez a 12 anos" (COSTA, 1992, p. 227).

Porém, além das diferenças de leitura – vocabulário e capacidade de compreensão dos significados literais ou complexos –, crianças de seis a 12 têm interesses e cotidianos muito diferentes. Afinal o ECA (Estatuto da Criança e do Adolescente) considera já adolescente aquele com 12 anos *completos*. Conforme veremos mais adiante (capítulo 5), esse é um dos problemas de pesquisa que vamos discutir com a análise dos dados retirados dos suplementos.

Quanto à solução da Andi e do IAS, creio que a presença de discursos para diferentes faixas etárias na mesma publicação não seria o melhor caminho, baseando-se na discussão que fizemos sobre os suplementos nos jornais brasileiros. Se esses cadernos têm como foco atingir públicos específicos, com necessidades particulares, não faz sentido ter um único suplemento que se dirija, com diferentes textos, para dois grupos. Acredito que seria melhor desmembrar o caderno, como sugere Costa (deixando, no entanto, as de 12 para os suplementos "jovens") ou optar por um único grupo. Levamos essa questão à editora da "Folhinha" e apresentamos a discussão também no capítulo 5 deste trabalho, já que, numa posterior reforma gráfica e editorial do jornal, em maio de 2010, o caderno sofreu alterações que seguiam a linha proposta por Andi/IAS. O texto "Guia Folha mais prático e Folhinha para as duas idades" (disponível em http://www1.folha.uol.com.br/poder/739257- -guia-folha-mais-pratico-e-folhinha-para-as-duas-idades. shtml) anunciava: "uma nova página do caderno vai atrair as crianças que estão sendo alfabetizadas (de 6 a 8 anos), com seções como 'Decifre a Notícia' e 'Dúvida Animal'.

Para as que já sabem ler (de 9 a 12 anos), a *Folhinha* vai traduzir o noticiário adulto sempre que ele chegar às rodinhas de conversa".

Quanto ao perfil socioeconômico de seu público, a redação não tem um levantamento oficial nem uma estimativa informal, obtida pelo contato com os leitores, sobre o assunto. Mas, em reportagem publicada em 11 de novembro de 2007, com o título de "Leitor da Folha está no topo da pirâmide social brasileira", no caderno "Brasil", a *Folha* diz que seu leitor, em geral,

> está no topo da pirâmide da população brasileira: 68% têm nível superior (no país, só 11% passaram pela universidade) e 90% pertencem às classes A e B (contra 18% dos brasileiros). A maioria é branca, católica, casada, tem filhos e um bicho de estimação.
> A maior parcela dos leitores tem entre 23 e 49 anos, é usuária de internet, faz exercícios e freqüenta restaurantes, shoppings, cinema e livrarias [...]
> O leitor é superequipado – tem DVD, celular, computador e câmera digital – e faz uso intenso da internet: a maioria usa buscadores, compara preços, faz pesquisas de trabalho, usa MSN (programa para conversa na rede), faz download de programas e ouve músicas.

O texto "Jornal se mantém há 21 anos como o de maior circulação no Brasil", publicado no mesmo dia, diz que o periódico é o jornal brasileiro que mais vende fora de seu Estado originário (São Paulo, no caso): 23% dos leitores moram em outras Unidades da Federação (a proporção é de 6% no "Estado").

Considerando que a maioria das crianças leitoras da "Folhinha" chega ao caderno por meio da assinatura ou da compra do jornal realizada pelos pais ou responsáveis, podemos admitir que o perfil descrito acima nos ajuda a definir melhor o leitor do suplemento. Seriam, portanto, crianças das classes A e B, brancas, que provavelmente já têm contato com a internet e aparelhos eletrônicos e que possuem um animal de estimação.

A participação de escolas também é massiva nos concursos promovidos pelo caderno, que premiam desenhos, redações e poesias feitas pelas crianças: chegam à redação vários envelopes de colégios, com folhas de papel com os logotipos das escolas, nas quais todas as crianças de uma mesma série desenvolvem uma das atividades propostas pela seleção do suplemento, por sugestão do professor. Gabriela Romeu, então editora-assistente do veículo, disse[7] que o jornal não tinha nenhum registro ou pesquisa sobre esse uso da "Folhinha" nas salas de aula, mas sabia-se "que os professores usa[va]m bastante, e eles nos [à redação] conta[va]m isso". Assim, o suplemento chega, ainda que de forma mais residual, a um público diferente dos filhos dos leitores do jornal.

Aqui, creio que caiba uma observação: com a entrevista final com a editora, feita por meio de questionário (trazido na íntegra nos anexos), conseguimos mais dados sobre a pauta e sobre a linha editorial do caderno (além dos que obtivemos com pesquisa bibliográfica e com a editora-assistente, que respondeu aos nossos primeiros questionamentos), mas não por meio de perguntas diretas sobre o assunto. E é por isso que informações dessa "conversa" não

---

7   Entrevista concedida à autora, na fase inicial da pesquisa.

estão presentes neste tópico. O debate dos dados coletados com a jornalista gerou reflexões sobre o que se fez no caderno em 2009, para além das intenções descritas neste tópico. Optei, assim, por não perguntar primeiramente a ela quais eram os ideais da redação, porque avaliei que isso poderia influenciar nas respostas seguintes, em que discutimos os números obtidos com esta pesquisa. A intenção era a de que esse mesmo procedimento se repetisse com a editora do "Estadinho", caderno que será alvo do tópico a seguir, porém o suplemento ficou sem editor formal no período estudado, apenas com uma repórter (que não respondia, institucionalmente, por uma linha editorial; o que reforça a precariedade dos projetos dos cadernos infantis exposta pela Andi e pelo IAS; ver p. 67). No entanto, entrevistei a então editora na fase final da pesquisa, Aryane Cararo, sobre o projeto do "Estadinho" vigente na ocasião e apresento os principais trechos ao longo deste texto.

3.4. 'Estadinho'

3.4.1. Trajetória

Assim como realizado com a "Folhinha", construiremos um pequeno quadro histórico do "Estadinho", baseado em pesquisa bibliográfica e, neste caso, também por meio de entrevistas com jornalistas que passaram pela redação. Também aqui não queremos focar nosso estudo na recuperação de detalhes da trajetória do caderno, mas pincelar as principais mudanças ocorridas.

Ressalto, contudo, que foram encontradas poucas pesquisas que tentaram levantar algum histórico do caderno. As que o fazem trazem informações pontuais, sem avançar no registro e na análise das mudanças do suplemento. O jornal também não tem estudos sobre o "Estadinho". Para realizar uma pesquisa mais completa, seria necessária a leitura de edições passadas do periódico, mas isso acarretaria um desvio considerável nos trabalhos. Entretanto, tentei ao menos localizar nomes de profissionais que passaram pela redação. Descrevo aqui as informações obtidas no trabalho, ainda que com lapsos temporais.

O primeiro número de "O Estadinho" circulou no dia 8 de novembro de 1987 – o artigo do nome foi subtraído posteriormente. Segundo Soares, a criação foi iniciativa da direção do jornal, mas, no início, o suplemento estava bastante vinculado à Maurício de Souza Produções, porque publicava sobretudo tirinhas e passatempos da Turma da Mônica. Souza havia publicado seus trabalhos na "Folhinha" (desde 1964), saindo de lá para o então novo caderno infantil da imprensa paulista, conforme diz Costa (1992). De fato, na edição inicial, à qual tivemos acesso parcial, personagens da Turma apresentavam as atrações do novo encarte, como contos de escritores famosos, dicas de passeios, desenhos, reportagens, entrevistas, curiosidades e, é claro, histórias em quadrinhos. Ainda de acordo com Soares (1999, p. 20), "com o passar do tempo, o caderno foi se tornando um suplemento do jornal *O Estado de S. Paulo*, não só da 'Turma da Mônica'".

No dia 31 de outubro de 1992, o "Estadinho" passou a circular aos sábados (em vez de aos domingos), dia em que até hoje é encartado no jornal. A ideia, de acordo com a pesquisa de Caetano (2005), era ampliar as dicas de passeios para as crianças, que já incluíam os sábados. Sobre os profissionais que chefiaram a redação, há referências para apenas três nomes: Lourdes Sola, Cristina Padiglione e Aryane

Cararo, a última editora, que assumiu em maio de 2010. O caderno deixou de circular em abril de 2013, após 25 anos. Encontramos a primeira indicação a Lourdes Sola em 1994, quando participou, como entrevistadora, do programa Roda Viva, da TV Cultura, representando o caderno – não há referência ao seu cargo no suplemento, mas sabemos que ela o editou por um período (acabando em 2002). Não pude confirmar a informação, porque não consegui contato com a jornalista. Para uma pesquisa de conclusão de curso de 2002, Lourdes Sola disse que o então posicionamento do suplemento era "ser fonte de conhecimento" e que isso havia orientado mudanças gráficas e editoriais do caderno, ocorridas naqueles últimos dois anos:

> [O "Estadinho"] abandonou os traços muito infantilizados, para assumir claramente um papel de fonte de informação para a criança. Não significa que tem recusado as características da infância, mas sim, que tem assumido a concorrência com outros meios como televisão e Internet (SANTOS, s/d, p. 39).

Nesse mesmo ano, segundo a empresa Maurício de Souza Produções, a Turma da Mônica, que ainda ilustrava capas e outros textos, passou aparecer apenas nas tiras. Também em 2002, Cristina Padiglione passou a chefiar o caderno, no lugar de Lourdes Sola, editando simultaneamente o caderno sobre televisão do jornal. Ela coordenou o "Estadinho" até abril de 2009, mas continuou participando do fechamento do caderno em algumas edições estudadas nesta pesquisa (o caderno não teve editor formal até maio de 2010) e, por isso, ela foi a fonte para algumas informações descritas neste capítulo, tendo em vista que essa parte da pesquisa foi realizada antes que Aryane Cararo assumisse (em maio de 2010).

Em reportagem de Amanda Polato, na revista *Negócios da Comunicação* (nº 24, 2008; disponível em http://portaldacomunicacao.uol.com.br/textos.asp?codigo=20518), sob o título de "A árdua tarefa de atrair os pequenos", Padiglione disse que o "Estadinho" surgiu a pedido dos leitores do jornal – "o adulto quer ter algo a oferecer aos filhos e ele próprio procura tendências capazes de fazê-lo entendê-los melhor".

Em entrevista concedida a mim, em 2008 (fase inicial desta pesquisa), Padiglione disse que a faixa etária dos leitores ia de 6 a 11 anos e que a situação socioeconômica das crianças leitoras era a mesma de quem lia o *Estado*, por serem filhos de leitores do jornal. De acordo com o "Relatório de Responsabilidade Corporativa do Grupo Estado" de 2007 (http://www.estadao.com.br/rc/2007; os balanços dos anos posteriores não trazem esses números), 40% dos leitores do jornal têm curso superior, 38% chegaram até o ensino médio e 23% estudaram até o ensino fundamental (em todos os casos, a formação pode ser incompleta). Em relação à situação econômica, 33% estão na classe A, 44% na B, 18% na C e 5% na D. O balanço também traz a divisão do leitorado de acordo com as faixas etárias: 12% têm de dez a 19 anos (não há dados sobre os leitores menores de dez anos); 23% têm entre 20 e 29 anos; 21% estão na faixa que vai de 30 a 39 anos; outros 21% têm entre 40 e 49; e 23% estão com 50 anos ou mais.

Sobre a linha editorial, no texto da *Negócios da Comunicação*, a então editora afirmou que, no caderno, a diversão era "o mais importante", mas desde que "guiada pelo princípio da informação e cultura, nunca pelo consumismo" e que o leitor do "Estadinho" era "alguém interessado em informações que lhe dizem respeito e também interessado em informações que normalmente têm destaque no restante do jornal". Um exemplo, segundo ela, era a questão do aquecimento global. "As crianças querem entender que negócio é esse e por que se fala tanto nisso."

A Jesus Carvalho, Padiglione definiu assim a linha editorial do caderno:

"Temos espaços fixos para atrações de programações infantis e uma flexibilidade mínima para ampliar uma nota de programação ou teatro, ou mesmo exposições, que também podem ser capas da edição. Reformulamos assim semanalmente sistemas de interesse, que são programações que incentivam o conhecimento, diversões eletrônicas e cidadania e meio ambiente. Mas não é uma coisa muito engessada, é viva e tem idéias que se desenvolvem a partir do texto ou fato que motive a criança. São espaços que se tornam fundamentais para o leitor do caderno infantil. *O que a gente tem de obrigatório mesmo e não pode faltar são os espaços do leitor* [grifos nossos]. O resto é flexível. A linguagem é a mais direta possível. Sem rodeios e sem subestimar a capacidade da criança. Sem aquela coisa de explicar demais e também de não faltar explicação. É bem complicado, mas um ótimo exercício para aprender a escrever para as crianças, porque você não pode tratá-la como ignorante ou menos inteligente, falando no diminutivo ou fazendo rodeios desnecessários em uma matéria. Quanto mais direto e objetivo for o assunto, mais clareza vai proporcionar ao entendimento. É claro que a sutileza na forma da escrita dá o ar da graça nas matérias do Estadinho, digo isso porque não se pode entrar num assunto, por exemplo, que fale de alguma desgraça, doença ou guerra com patada de elefante. Tem que ser muito sutil sem perder o tom, afinal estamos numa aldeia global onde todo mundo sabe, pelo menos um pouco, do que se passa em todo lugar" (JESUS CARVALHO, 2007, p. 232-233).

A jornalista ainda faz a ressalva de que o caderno tem boa leitura principalmente em salas de aula de colégios públicos, normalmente por iniciativa individual do professor. Assim, mesmo que de maneira minoritária, como ocorre com a "Folhinha", o suplemento atinge um público diferente do filho do leitor de *O Estado de S. Paulo*. No entanto, Padiglione disse[8] que o *O Estado* não tinha nenhum estudo sobre a leitura do jornal na sala de aula: "Temos apenas retorno de leitores por meio de e-mails e cartas, que com alguma frequência chegam em pacotes de um mesmo endereço de escola". Aliás, sobre o papel didático do suplemento, ela afirma que "o bacana é você poder sugerir, instigar e a pessoa vai atrás das coisas que podem formar a educação dela. Mas não dá para um jornalista ter a pretensão de ser educador. O imprescindível é que a gente não deseduque, não informe errado" (JESUS CARVALHO, 2007, p. 240).

No ano de 2009, em que se concentra a análise desta pesquisa, o caderno tinha oito páginas (a exceção fica para a edição de 1º de agosto, um especial de férias com 12 páginas) e era todo colorido. As centrais ficavam com a matéria de capa, enquanto a última página tinha tirinhas, passatempos

---

8   Entrevista concedida à autora, na fase inicial da pesquisa.

e dicas de DVD, programas de TV e cinema (em geral, a seção se chamava "Do Sofá", mas foi escrita também com "Da telona" ou "No Sofá"; nas edições iniciais do ano, era basicamente avisos de programação e depois passou a ter pequenos textos); as demais páginas foram ocupadas, na maior parte do ano, desta maneira: nas páginas 2 e 3 ficavam as seções "O espaço é seu" (publicação de desenhos), "Salada de frutas" (dicas de eventos na cidade de São Paulo, livros e teatro) e, em cerca de metade das edições, "Plugado", com indicações de sites e games on-line; a seção "Olha só" ocupava a metade da página 6 e trazia um teste, com três alternativas, sobre curiosidades, além da resposta, explicativa, da pergunta feita na semana anterior; a outra metade dessa página e a 7 eram reservadas para matérias diversas (literatura – o mais recorrente –, bichos, videogame, teatro, skate, cinema, datas comemorativas, brinquedos, gibi, artes, música, TV, passo a passo, cobertura de eventos, cursos).

3.4.2. 'Estadinho', hoje

No dia 20 de março de 2010, o "Estadinho" estreou um novo formato, como parte da reforma gráfica e editorial implantada pelo jornal como um todo (ver p. 64-66). O suplemento, antes tabloide, passou a ter dimensão parecida com a de um gibi, conforme definido pelo próprio "Estadão" –, ou seja, cerca de metade do tamanho anterior. Na capa da edição que trazia o primeiro número com o novo formato, a chamada era "Estadinho: O suplemento que virou gibi". O número de páginas também foi alterado, de 8 para 20. Em 2013, quando o caderno foi encerrado, esse projeto editorial ainda estava vigente, com algumas alterações, como a redução do número de páginas e mudança em seções.

Então repórter do caderno, Thais Caramico, respondeu, no blog do "Estadinho" (http://blogs.estadao.com.br/estadinho), a uma leitora que reclamava da mudança (mantive a grafia original):

28/03/2010

Olá, eu queria saber pq o estadinho está menor, ele sempre era maior e mais legal pq atrás tinha coisas pra fazer bem legais e mais ele está quase sem desenho que a gente faz. Ass: Bia.

30/03/2010

Oi, Bia. Tudo bem? O Estadinho está menor no tamanho, mas muito maior em conteúdo. Se você reparar, vai lembrar que antes ele tinha oito páginas grandes. Agora ele tem metade do tamanho, porém mais do que o dobro do número de páginas. Se fosse como antes, ele deveria ter 16. Mas ele tem 20!!! Talvez você esteja estranhando um pouco agora, mas olhe: como ele é maior e melhor dividido, conseguimos dar mais atividades, brincadeiras e dicas de leitura. Antes, como você disse, ele tinha uma única brincadeira no final. Agora, no mural, ele tem quatro páginas só de brincadeira. Sem falar a Turma da Mônica, que continua! Sobre os desenhos, estamos colocando um por dia aqui no blog, coisa que antes não existia! Um beijo de toda a equipe do Estadinho.

No portal do assinante do jornal *O Estado de S. Paulo* (http://www.assinante.estadao.com.br/conheca/), o suplemento era definido assim: "Recorte, cole, descubra, desenhe! Em formato gibi, o Estadinho é diversão garantida". O texto "Inovações do 'Estado' seguem nos suplementos" (http://www.estadao.com.br/estadao dehoje/20100316/not_imp524828,0.php), de 16 de março de 2010, dizia sobre o "Estadinho":

> as crianças vão receber um gibi com atividades ligadas a literatura, já que o objetivo é incentivar os pequenos a ler e escrever. Outra estreia é a do Professor Sassá, um criativo especialista em trabalhos manuais e brincadeiras com materiais variados. Em breve, eventos em livrarias, como a Sessão Estadinho de Contação de Histórias, serão agendados.

"'Estadinho' ganha formato de gibi e fica mais divertido", publicado em 12 de março de 2010 (www.estadao.com. br/estadaodehoje/20100312/not_imp523097,0.php), mostrava que a mudança foi ainda editorial: "Seu conceito também foi ajustado e deve focar principalmente as crianças de 6 a dez anos, além de dialogar com os pais. 'O Estadinho vai ficar bem mais divertido', garante o editor-chefe de Publicações, Ilan Kow". A praticidade também parece ter sido levada em conta para a escolha do novo formato. A primeira edição do projeto, na página 2, dizia: "Agora, em formato de gibi, ele [o "Estadinho"] cabe na sua mochila e dá para lê-lo no recreio, enquanto espera seus pais ou no playground do prédio".

Com a reforma, o caderno ganhou duas páginas dedicadas ao professor Sassá, que ensina as crianças a fazerem brinquedos com materiais reciclados; na seção "Varal" (duas páginas), publicavam-se desenhos e fotos de crianças e respostas a perguntas enviadas por elas; a matéria de capa tinha, em geral, seis páginas; em "Caixa de histórias" (duas páginas), as crianças eram estimuladas a continuar ou completar textos retirados de livros de literatura infantil; em "Pequenos contadores" (uma página), eram publicadas histórias enviadas pelos leitores, com suas fotos; "Giragira" (uma página) tinha dicas de lançamentos de livros, DVD, TV e cinema; em "Fabriqueta de ideias" (com duas páginas), a escritora Katia Canton trazia "uma brincadeira, uma idéia divertida ou uma arte para criar"; "Mural" (uma página, em geral) tinha passatempos e, na última página do caderno, havia tiras da Turma da Mônica e a seção "Por aí", com anúncios de posts do blog do "Estadinho".

A intenção em narrar essas últimas modificações no "Estadinho" foi apenas indicar que a então nova linha editorial do veículo parecia aproximá-lo da revista (e não do gibi, que é tradicionalmente conhecido com uma coletânea de HQs), afastando-o dos formatos mais tradicionais de suplemento de jornal – o novo tamanho de suas páginas era único no *Estado*, assim como também era inédito o alto percentual de seções com participação do leitor e de entretenimento. Uma ação que acentuava a "revistização" do jornal (DINES, 1986) e podia ainda estar indo na contramão do processo de fidelização do público ao "estilo" do jornal (ver p. 53-54), já que o "Estadinho" era a *apresentação* do veículo *O Estado de S. Paulo* ao leitor em formação.

3.5. Internet

No primeiro capítulo, procurei descrever como as novas tecnologias informacionais digitais vêm formatando a infância em nossos dias. Diante dessas transformações, como ficam os suplementos infantis impressos, que fazem parte dos meios de comunicação mais "tradicionais", ou seja, que não utilizam as novas tecnologias como suporte para sua leitura? Esse tipo de mídia parece distante da nova geração de audiência, que, conforme já exposto, tende a buscar trocas (interativas), rejeitar a leitura linear e trabalhar com imagens com facilidade. Além disso, para esses jovens leitores, os portais de notícia, os blogs, os jornais digitais são fontes importantes e confiáveis de informação. A familiaridade desses usuários com hipertexto (um bloco de diferentes informações digitais interconectadas, segundo Ferrari, 2003) e com mecanismos de busca e outras ferramentas de pesquisa faz que seja natural para eles buscar mais de uma fonte, e em plataformas diferentes (vídeo, som, fotos, testes, bate-papos) – o que não ocorre com os públicos mais velhos, que veem os novos meios com desconfiança e acreditam muito nos tradicionais, incluindo os diários impressos. Assim, a função do jornal é posta em questão por esse público: para que o ler, se o assunto já foi conhecido em outros veículos que oferecem recursos mais dinâmicos que o papel? Esse debate é o que faremos a seguir.

A mídia impressa parece ter ainda como base o paradigma da transmissão de informação, e não o da construção conjunta. Com isso queremos dizer que jornalistas dessas redações podem não ter percebido que o conceito de audiência foi alterado pelo mundo digital, principalmente pela convergência de tecnologias: o receptor vem se tornando também emissor (ver p. 36-38).

> Mudança pela qual as audiências vão deixando de ser somente isso; se vão transformando em *usuários*, produtores e emissores, já que a interatividade que as novas telas permitem

transcende a mera interação simbólica com elas, para situar as audiências, em tanto que se cumpram outras condições de acessibilidade e cultura digital, como possíveis criadoras de seus próprios referentes, não somente como recriadoras simbólicas de significados ou interpretações dos referentes produzidos e emitidos por outros a partir dessas telas (OROZCO, 2009, tradução nossa).

Ou seja, na condição comunicativa em que estamos, as audiências têm a possibilidade de ser emissores: são blogs, álbuns de fotos e outras páginas pessoais, arquivos postados em banco de dados, vídeos no site YouTube. Mesmo com as deficiências do acesso a essas novas tecnologias (ver p. 39), parece inegável que cada vez mais espectadores, ouvintes e leitores vêm experimentando as possibilidades de criação de seus próprios conteúdos (ou referentes, como diz Orozco) e, como consequência natural desse processo, buscam não apenas nos novos meios mas também nas mídias tradicionais, já estabelecidas, vias de amplificação do material que criam. Porque o importante não é apenas registrar nossas percepções do mundo, mas fazer com que elas sejam conhecidas por outros, que sejamos reconhecidos e até admirados por nossas produções culturais – entendidas como qualquer produção da vida cotidiana, e não o que vem apenas da alta intelectualidade (WILLIAMS, 1981 *apud* OROZCO, 2009).

O público, portanto, espera dos veículos de comunicação de massa tradicional o espaço de publicidade pessoal que encontra com mais facilidade nos portais da internet – seu comentário sobre uma reportagem entra no ar quase imediatamente; sua participação é estimulada em canais do chamado jornalismo colaborativo, em que se pede ao internauta que envie seus registros (vídeos e fotos) de fatos considerados notícias, como enchentes ou acidentes; e até seu entretenimento também é compartilhado (ele pode fazer uma homenagem ao seu docente preferido no Dia do Professor ou pode enviar a foto da nova decoração de sua sala, por exemplo).

A mídia impressa vem utilizando as novas tecnologias como canais para receber perguntas ou comentários da audiência (e-mail, mensagens via celular e sites), mas me parece que ainda carecemos de estudos para tentar prospectar se essas interferências dos espectadores são de fato expostas nas páginas publicadas no papel e se, em alguma medida, começam a criar outros modos de descobrir pautas e produzir matérias jornalísticas.

Um exemplo positivo vem do rádio: algumas emissoras começam a montar sites na internet, que oferecem não só a transmissão em tempo real, on-line, como também pequenos trechos já ouvidos na programação e espaço para a participação dos ouvintes. As mensagens da audiência chegam à redação, que, ao vivo, comenta a opinião dos ouvintes e retransmite as suas perguntas a convidados (o que se vê com frequência também na TV). Além disso, sobretudo nas grandes capitais brasileiras, é comum a participação de ouvintes com informações de problemas no trânsito de determinadas regiões. Um tipo de colaboração que se firmou como confiável: os "trotes" (dados errados) são raros, talvez porque, se houver, podem ser rapidamente desmentidos por outros ouvintes, que circulam pelo mesmo local. Essas notícias, aliás, são o carro-chefe de várias emissoras e formam um nicho de mercado no rádio brasileira. É um meio que começa a explorar as potencialidades das novas tecnologias não apenas no seu suporte, mas como forma de interação que muda os modos de produção dos jornalistas.

Tendo em mente esse novo cenário e estudando especificando os jornais diários, Sant'Anna mostra, em sua dissertação de mestrado, que esses periódicos vêm perdendo leitores.

> Ano após ano tem caído também o número de exemplares por adultos na população brasileira, assim como na maior parte dos países cujos dados estão disponíveis para a Associação Mundial de Jornais. No Brasil, havia 64,2 exemplares de jornal para mil habitantes adultos, em 2001. Em 2005, esse número havia caído para 45,3 exemplares por mil habitantes adultos – o que representa queda de 29% (sant'anna, 2008, p. 150).

O autor acredita que, para sobreviver nessas novas configurações, o jornal impresso talvez tenha de trocar as folhas por uma tela digital portátil (tendo em vista os custos galopantes do papel e da distribuição), mas acredita que essa mudança de suporte não decaracterizará esse veículo jornalístico. Para ele, com mudança de plataforma ou não, a tarefa do diário impresso para atrair mais leitores é alterar o *modus operandi* de seus produtores. E uma das mais importantes ações desse processo é o investimento pesado em interatividade com o público, o que reforça nossas observações anteriormente expostas – já que os formatos mais dinâmicos de apresentação da notícia jamais farão parte do papel.

Em relação ao objeto deste estudo, sabemos que a participação dos pequenos leitores ocorre há tempos nos veículos feitos para crianças analisados nesta pesquisa, com envio de desenhos e textos e realização de concursos, com premiação das crianças vencedoras – fato que, tendo em vista esse novo perfil de audiência, pode dar certa "vantagem" aos infantis em relação às editorias "adultas". Porém, nos últimos anos, os veículos têm se preocupado em oferecer conteúdo também na rede mundial de computadores, com blogs e sites. Afinal, se pensarmos na instantaneidade da participação – e das respostas –, os suplementos impressos estarão sempre em defasagem. Esse imediatismo só pode ser obtido em plataformas digitais. Porém, é importante dizer que, ainda que levem a marca desses cadernos, esses sites são um outro "lugar de comunicação": extensões do jornal, mas não com as características do formato material da mídia impressa. A partir dessa ressalva, dedico aqui algumas linhas para a descrição dessas páginas, sem aprofundar-me no estudo de seu conteúdo e dos espaços de participação dos internautas, já que, ainda que haja a republicação do que foi impresso, não se trata do suplemento encartado. Porém, nas entrevistas que fiz com as editoras dos suplementos, abordei o papel desses sites na definição de pautas dos cadernos e na apresentação do material produzido pela redação e pude perceber que a participação dos leitores nessas páginas on-line não influencia nos temas e na apuração das reportagens produzidas para o impresso.

3.5.1. 'Folhinha' na rede

No 4 de setembro de 2008, quatro dias antes de comemorar 45 anos de publicação, a "Folhinha" inaugurou o http://blogdafolhinha.folha.blog.uol.com.br. Até então, o suplemento tinha apenas um site que reproduzia, sem nenhuma alteração, as matérias publicadas na versão impressa, porém sem colocar no ar os quadros, os infográficos e os desenhos do caderno que circula com a *Folha*. O blog, no entanto, não teve vida longa: apesar de ainda estar on-line, a página recebeu a última publicação em outubro de 2010.

A página se dizia um espaço virtual criado para a interação das crianças leitoras com o suplemento. Contudo, na época desta pesquisa, o site ainda era produzido basicamente por duas então jornalistas do caderno, a editora, Patrícia Trudes da Veiga, e a editora-assistente, Gabriela Romeu, além de colaboradores. A interação estava restrita a um espaço em que as crianças podiam comentar as notas postadas – mas a participação ainda era baixa.

O blog seguia a formatação (design) dos outros publicados pela *Folha*, com logotipo (próprio), fundo branco, traço separando os posts e um grande anúncio da livraria on-line do Grupo Folha, com a oferta de livros para crianças, ocupando um terço da página. Grande parte dos textos eram feitos exclusivamente para o blog; alguns remetiam a matérias do suplemento e havia ainda, todas as semanas, chamada, com foto da capa, para a próxima edição do impresso. Os posts sempre tinham uma foto, ao menos; eram publicados ainda vários vídeos e, em menor frequência, áudios. A atualização era quase diária.

Existia também um link para o site do projeto Mapa do Brincar, ação do suplemento que "convidou crianças de todo o país a contar quais são suas brincadeiras de hoje", tendo como um dos objetivos descobrir se há semelhanças e diferenças entre o brincar das várias regiões do país.

Em maio de 2010, ano de uma reforma gráfica e editorial da *Folha*, no jornal impresso e no portal (*Folha Online*, que passou a se chamar Folha.com), a "Folhinha" ganhou também um site (http://www1.folha.uol.com.br/folhinha), com atualização diária e cobertura voltada basicamente para assuntos culturais, como exposições, cinema e literatura. À época desta pesquisa, reportagens do impresso também eram publicadas na página, assim como notas produzidas em outras editorias do portal ao qual estava ligado, como "Bichos", "Ciência" e "Guia" (roteiro cultural). A página tinha ainda as seções: "Rádio" (podcast); "Vídeos"; "Prateleira" (sobre livros); "Na rede" (destaques da internet); "Galerias" (fotos); e "Programa (agenda cultural). Havia link para o especial Mapa do Brincar, mas não aparecia nenhuma ligação para o blog do suplemento.

3.5.2. 'Estadinho' na rede

No início de nossa pesquisa, em 2008, o "Estadinho" tinha um site, que, apesar de ser mais bem elaborado visualmente que o anterior da "Folhinha", era muito focado em entretenimento, com jogos, brincadeiras e dicas de livros. As reportagens do impresso não tinham suas versões virtuais e a atualização da página não era regular. Havia espaço para que os leitores enviassem e-mail e fotos (mas essa página estava fora do ar no dia em nossa última consulta, em 10 de outubro de 2008).

Com a reforma gráfica do jornal a que está ligado, no início de 2010 (ver p. 64-66), o suplemento perdeu o site, mas ganhou um blog: http://blogs.estadao.com.br/estadinho. Na página, o conteúdo do caderno impresso era bastante aproveitado; havia ainda a publicação de um desenho de leitor todos os dias e um espaço para comentários: pelo menos nas primeiras semanas de funcionamento, a maior parte era de adultos. O site seguia o formato dos demais blogs do jornais – nas fontes, nas cores (com exceção do colorido múltiplo das fotos, a página tinha predominância de tons de azul) e até na propaganda institucional que aparecia no canto direito superior. Havia produção de matérias exclusivas para o site – geralmente, nas seções "Giro paulistinha", com coberturas e anúncios de eventos, "E se chover?", sobre literatura infantil, e "No sofá", sobre TV e DVD, sem periodicidade definida –, e a redação também utilizava o espaço para antecipar aos leitores o assunto principal da próxima edição. Os posts eram sempre acompanhados por fotos. Havia ainda links para alguns vídeos.

3.5.3. Boas histórias

Além da interatividade, Sant'Anna diz que outra tarefa do jornal impresso, para sobreviver às novas formas de comunicação digital, é o investimento nas *boas histórias*. Ele entrevista diretores de redação de três grandes jornais brasileiros – *Folha de S. Paulo*, *O Estado de S. Paulo* e *O Globo* –, que acreditam que, para continuar a atrair os leitores no futuro, os impressos devem se voltar a reportagens de excelência, contadas com requintes linguísticos e analíticos. Em meio ao bombardeio de informações da internet, o jornal tem de exercer cada vez mais um papel contextualizador, relacionando fatos e costurando tendências que aparecem de modo disperso ao leitor – ainda que esses mesmos profissionais reconheçam que os diários impressos estejam ainda longe de realizar essa tarefa, atendo-se a relatar o que já foi noticiado (o jornal, assim, parece anacrônico ao trazer, no dia seguinte às notícias, repetições das informações veiculadas em outros meios de comunicação mais imediatos). Esse auxílio para que o leitor teça sua rede de intertextualidades e construa sentidos mais críticos sobre a profusão de informações que vê, lê ou ouve atualiza a função vital do jornal impresso.

Isso vale sobretudo para os suplementos infantis: acredito que é dever dessas seções atrair e cativar as novas e jovens audiências com essas boas histórias, bem escritas e com traços interpretativos (não doutrinadores), porque isso representa um ponto de apoio importante à continuidade da mídia impressa no futuro. Creio ainda que o estudo dos textos dos dois suplementos, apresentado no capítulo 5 deste livro, poderá ajudar a entender se os cadernos infantis se preocupam ou não com essa cobertura analítica e bem cuidada (adequada ao entendimento de mundo e às idades de seu público).

O caminho para encontrar as reportagens de excelência estaria, para mim, no diálogo com a criança – que se dá, por exemplo, nas entrevistas, nos contatos com os leitores (entendido também como interatividade) por meio de cartas e e-mails, na leitura do que os meninos e as meninas vêm escrevendo na rede, não apenas nos sites dos próprios veículos. Esse diálogo dá indícios para o repórter tentar entender esse novo mundo infantil (sobretudo suas limitações e capacidades), com tecnologia encravada no cotidiano. É a dialogia (ver p. 55) proposta por Medina (2006), como a busca para entender quem é e o que quer o outro para quem falo. Escutar ainda é a melhor receita para escrever melhor.

Capítulo IV – Criança leitora de papel

4.1. O método

Como jornalista atuando em redação, ficava muitas vezes preocupada ao ler, em estudos sobre reportagens que acompanhei, conclusões que teciam, apressadamente, teorias de direcionamento de cobertura ou que sugeriam que a matéria ou a edição não teria sido bem feita. Em relação a isso, esclareço que, em minhas análises, parto sempre de dois pressupostos, observados durante meu trabalho na imprensa. O primeiro é o de que, como vimos (ver p. 68), as editorias infantis têm deficiências de estrutura e de pessoal, o que inegavelmente limita o trabalho jornalístico. O segundo é o de que os jornalistas que estavam nas redações dos dois suplementos infantis durante as edições estudadas não tinham vínculos com anunciantes ou agentes econômicos. Sei que, assim, corro o risco da ingenuidade, mas, por outro lado, sinto-me livre para investigar um cenário mais focado nos procedimentos de reportagem e redação (meu principal interesse) e menos institucional.

A partir dessa escolha, a metodologia de análise de conteúdo pareceu ser a que melhor se encaixava em meu objetivo de pesquisa, já que, segundo Bardin, esse procedimento de pesquisa pode ser definido como um conjunto de técnicas de análise das comunicações visando obter por procedimentos sistemáticos e objectivos de descrição do conteúdo das mensagens indicadores (quantitativos ou não) que permitam a inferência de conhecimentos relativos às condições de produção/recepção (variáveis inferidas) destas mensagens (BARDIN, 2002, p. 44).

Essa inferência (dedução lógica) quer atingir essencialmente dois objetivos: a *superação da incerteza*, para buscar uma leitura que seja pessoal, porém também compartilhada, generalizável; e o *enriquecimento da leitura*, descobrindo elementos de significações que possam "conduzir a uma descrição de mecanismos de que *a priori* não possuíamos a compreensão" (BARDIN, 2002, p. 31), respondendo assim ao seguinte problema: o que *levou* a determinado enunciado? Esse cenário converge para o nosso principal objetivo de pequisa, que é o de, a partir da leitura de textos dos cadernos, *tentar definir um "leitor de papel" dos suplementos*, observando suas *características*, os *arranjos temáticos* e *contextos* (doutrinador ou dialógico) em que aparece e sua relação com o *mundo digital*, tendo em vista que esse cenário é também definidor da infância atual (capítulo 1).

Dentro do campo da análise de conteúdo, foi escolhida como instrumento de estudo a do tipo *categorial*, que busca classificar ou recensear um texto, de acordo com a frequência (presença ou ausência) de unidades de sentido. "É o método das *categorias*, espécie de *gavetas* ou rubricas significativas que permitem a classificação dos elementos de significação constitutivos da mensagem" (BARDIN, 2002, p. 39).

4.1.1. O percurso da escolha

O processo sugerido por Bardin em seu livro *Análise de conteúdo* (2002) tem uma fase de pré-análise, em que foram escolhidos os documentos a serem estudados, formulados os objetivos de pesquisa (descritos na introdução deste livro) e elaborados índices e indicadores utilizados, sendo que o primeiro é a menção explícita nos textos de elementos que queremos estudar; e o segundo, a frequência desses elementos "de maneira relativa ou absoluta, relativamente a outros" (BARDIN, 2002, p. 126). Foi realizado ainda um pré-teste de análise, para avaliar a pertinência desses indicadores.[1] Primeiramente, foi feita a leitura "flutuante" (livre) dos dois cadernos infantis selecionados, a partir de todas as edições com que foi possível ter contato, etapa em que o pesquisador deixa-se invadir por suas impressões e orientações.

Na primeira fase, a escolha dos documentos, uma das questões mais difíceis de solucionar foi o número de edições a serem estudadas em cada um dos suplementos. Para ajudar na definição do tamanho do *corpus* de pesquisa – queríamos, num primeiro momento, que ele fosse o mais extenso possível, de acordo com nossas possibilidades de tempo –, procuramos o CEA (Centro de Estatística Aplicada) do IME-USP (Instituto de Matemática e Estatística da Universidade de São Paulo), um órgão de consultoria acadêmica, prestada por professores e alunos

---

1   DORETTO, J. "A identidade do leitor da Folhinha: construção que se atualiza". In: ENCONTRO NACIONAL DE PESQUISADORES EM JORNALISMO, 6, 2008, São Bernardo do Campo. *Anais eletrônicos*. São Paulo: SBPJor, 2008. Disponível em: http://sbpjor.kamotini.kinghost.net/sbpjor/resumod.php?id=651. DORETTO, J. "A identidade do leitor do Estadinho". (Apresentação de trabalho na I Jornada Acadêmica PPGCOM – ECA-USP, 2008).

do instituto. Segundo o site do centro (http://www.ime.usp. br/~cea), "as consultas têm como finalidade a apresentação de sugestões para análise de dados ou para planejamento de estudos que envolvem análises estatísticas". Os pesquisadores desse instituto propuseram fórmulas para tentar chegar a um número de edições representativas a cada ano, mas não chegaram a soluções adequadas. Além disso, para o tipo de estudo que pretendia fazer (não focado em panorama, mas nas *condições atuais de produção*), uma grande quantidade de textos não era determinante para as inferências. É o que Bardin chama de regra da representatividade: "a análise pode efectuar-se numa *amostra* desde que o material a isso se preste [...] Neste caso, os resultados obtidos para a amostra são generalizados ao todo" (BARDIN, 2002, p. 123).

Assim, definimos como *corpus* o número de 50 edições, 25 *para cada caderno* (número sugerido pela banca), *de julho a dezembro de* 2009. Os textos que alimentaram o banco de dados são somente os de *reportagem de capa* (incluindo matéria principal e complementares, títulos e linhas finas, boxes, infográficos e fotografias, chamadas e fotos na primeira página do suplemento relacionadas a ela), por serem o mais importante de cada edição – ressaltando que foi feita a leitura de todas as páginas, de todas as edições; trabalho do qual resultaram algumas observações incluídas nas conclusões. A exceção ficou para a edição da "Folhinha" de 31 de outubro de 2009, "De olho no bicho", um especial sobre animais de estimação que não apresentava nenhuma reportagem principal. Em outras duas edições especiais – "Mapa do brincar", da "Folhinha" de 3 de outubro 2009, e "Kit de férias prolongadas", do "Estadinho", de 1º de agosto 2009

–, foi possível identificar um texto de abertura, que apresentava a edição. Nesses casos, essa matéria "de introdução" foi a analisada na pesquisa.

4.1.1.1. As 'gavetas'

A partir de informações sobre o leitor-padrão das publicações estudadas, definimos as categorias (que descrevem as informações referentes aos índices) e suas regras de enumeração, divididas em duas unidades. São elas:

Características do "leitor de papel":

• *Gênero* das crianças ouvidas pela reportagem e sua frequência, indicados nas *falas diretas ou indiretas* e em *fotos* (nas páginas internas e na capa). O objetivo dessa categoria é verificar se o suplemento fala mais para meninos ou para meninas, ou se há equilíbrio. Considero, na análise dos textos, as crianças que foram de fato ouvidas pela redação – não avalio o caso daquelas que apareceram somente em fotografias, sem que ao menos a legenda traga alguma informação sobre elas, além do nome. No estudo específico das imagens, porém, esses meninos e meninas que foram apenas fotografados são considerados (já que em muitos casos eles estão até nas capas dos cadernos). Mas, quando uma criança é retratada mais de uma vez, considero uma única aparição, já que o que me interessa nessa categoria é descobrir se algum gênero se destaca dos demais, em relação ao total de entrevistados pelos suplementos. Além disso, creio que desse modo ressalto que cada criança entrevistada precisa ser entendida como sujeito (ver p. 56), e não como número estatístico.

• *Faixas etárias* e sua frequência, seguindo as seguintes subcategorias (que abarcam as idades do leitor modelo dos dois suplementos): até 5; 6-7; 8-9; 10-11; 12; e maior que 12. A ideia nesse ponto é verificar se crianças com determinada idade são mais ouvidas do que outras nas matérias dos cadernos estudados. Consideram-se apenas os meninos e as meninas cujas falas aparecem nos textos, com exceção da análise feita especificamente com as capas, em que as não entrevistadas foram contabilizadas quando tiveram a idade anunciada, para verificar se o suplemento dá mais destaque a alguma faixa etária na primeira página. Não foi feito o balanço das idades de todas as crianças fotogradas porque havia muitos casos em que os anos não estavam identificados (caso de fotos com grupos de crianças posando ou com público em eventos), e isso poderia prejudicar a análise. A divisão com dois anos em cada componente foi feita para facilitar a manipulação dos dados.

• *Marcas de referências geográficas* e sua frequência, de acordo com três componentes (subcategorias) geográficas: São Paulo (capital); São Paulo (interior e litoral); Outros. O interesse é verificar se o suplemento fala para crianças de, pelo menos, todo o Estado de São Paulo, conforme a circulação dos jornais. Indicações para um mesmo lugar foram contabilizadas apenas uma vez.

Contexto do "leitor de papel":

• *Temas* predominantes e sua frequência, a partir do assunto abordado na reportagem, de acordo com os seguintes componentes (subcategorias): entretenimento; comportamento; notícia (reportagens que abordam temas do noticiário adulto ou que trazem efemérides); consumo; conteúdo paradidático; e serviço. Nesse caso, creio ser necessário esclarecer três procedimentos usados na categorização. Se o tema da reportagem é o lançamento de determinado produto, seja industrial, seja cultural (pago, incluindo programas de TV a cabo), considero que o texto aborda o consumo. Se a matéria fala de comportamento induzido por artigos passíveis de compra, o tema da reportagem também é classificado como consumo. E os textos que abordam mundo animal e ciência são considerados conteúdo paradidático, já que são bastante relacionados ao ensinado em disciplinas do currículo escolar. Os que trazem curiosidades sobre animais ou povos são entendidos como entretenimento, porque não fazem parte, necessariamente, do programa do ensino fundamental, apesar de estarem relacionados com língua portuguesa, biologia, geografia e história.

• Presença (frequência) de *verbos imperativos* (positivos ou negativos), na chamada de capa para a reportagem principal, nos títulos e nos textos internos (incluindo os de infográficos, linhas finas e legendas), que possam indicar a tentativa do suplemento de ditar comportamentos. Uma observação: quando o mesmo verbo é encontrado duas ou mais vezes, considero apenas uma aparição, porque o que me interessa é o sentido do termo. Em todos os casos, busco o contexto do verbo, trazendo para o banco de dados o restante da frase a que estava ligado. Assim, ainda que a palavra tenha sido encontrada na fala de uma criança entrevistada, é possível entender em que medida estava ligada ao propósito de ensinar normas e modos de agir.

• Presença (frequência) de *infográficos*, seguindo a definição de Pereira Junior (2006, p. 125): "O infográfico é a informação jornalística em linguagem gráfica" e, "diferentemente da ilustração, [...] é uma unidade plena e autônoma. Tem lide, deve suportar informação para a compreensão do acontecimento, sem necessidade de outros recursos". Assim, boxes de textos, ainda que divididos em diversos parágrafos e envoltos em formatos coloridos, não são considerados infográficos. Busco formatos em que o texto e a imagem, juntos, construam uma unidade jornalística e em que as ilustrações ou as fotos não sejam apenas adendos, mas, sim, essenciais para o entendimento daquele conteúdo. Com isso, busco verificar se os suplementos inserem seu "leitor de papel" num formato e linguagem mais próximos da internet, ambiente de rede fundamental para interação social e compreensão do mundo da infância atual.

A partir disso, seguindo a linha de Bardin, fizemos a exploração do material, por meio da categorização dos textos analisados, e o tratamento das informações quantitativas, com levantamento estatístico e elaboração de gráficos e tabelas, que condensam os principais dados coletados. Neste capítulo, apresento os resultados obtidos. No capítulo seguinte, e nas considerações finais, ainda de acordo com a proposição de Bardin, apresento a inferência realizada a partir deles, com a consequente interpretação. Tinha a intenção ainda de trabalhar com questionários respondidos pelas editoras responsáveis, nos quais elas comentariam algumas de nossas conclusões. O objetivo dessas entrevistas era, além de servirem de subsídio para a pesquisa (ver p. 83), mostrar às Redações fatos presentes nos textos jornalísticos que escapam aos profissionais em sua jornada diária e que podem auxiliá-los no aprimoramento de seu trabalho. A escolha por questionários, e não por entrevistas pessoais, se deu para evitar que o contato anterior que tive com a então editora da "Folhinha", quando colaborei para o caderno, pudesse interferir na conversa e comprometer a lisura da pesquisa. No caso deste suplemento, o questionário foi respondido (fiz novas perguntas a partir das respostas às questões iniciais, para dirimir algumas dúvidas). No "Estadinho", no entanto, como a atual editora, Aryane Cararo, não estava no caderno nas edições analisadas, ela preferiu uma entrevista, que foi feita por telefone (por sugestão da jornalista), em que explicou as principais mudanças ocorridas no suplemento nos últimos meses de 2010. No segundo semestre de 2009, o suplemento não teve editor, apenas uma repórter, que não respondia formalmente pelo projeto editorial.

4.2. Dados obtidos

4.2.1. 'Folhinha'

O *corpus* de pesquisa abrangeu as edições de 4 de julho a 19 de dezembro de 2009 (não houve publicação no dia 26 de dezembro). A leitura ocorreu por meio de edições de arquivo pessoal, do acesso às páginas digitalizadas do jornal *Folha de São Paulo* (disponíveis em http://www.folha. uol.com.br) e de consulta ao acervo de jornais da biblioteca do Senado Federal, em Brasília (DF).

A "Folhinha" ouviu, nas 25 matérias de capa estudadas, 127 *crianças*, sendo 71 meninas e 56 meninos (média de 5,08 por edição), conforme demonstra o gráfico apresentado na **figura 1**. É importante observar que um dos meninos, Enrico Gorios, 8, foi entrevistado duas vezes pelo caderno em edições diferentes. Ainda assim, desconsideramos a repetição, por entender que o que interessa na análise é o aparecimento de falas de crianças.

Figura 1

Em toda a amostra, a *edição que ouviu mais crianças* (17) foi um caderno especial, de 31 de outubro ("De olho no bicho"), com cuidados a serem tomados com os animais de estimação. Essa mesma reportagem foi a que entrevistou mais meninos (8) e uma das que mais ouviram meninas (9). Outro especial ("Mapa do brincar"), de 3 de outubro, ouviu 13 crianças (7 meninos e 6 meninas). Em seguida, vem "Corte no consumo" (sobre reciclagem de roupas, em uma edição "regular"), de 28 de novembro, com 11 entrevistados (também 9 meninas e 2 meninos).

Sete reportagens de capa não ouviram nenhuma criança: 11, 18 e 25 de julho; 5 de setembro; 14 de novembro; e 12 e 19 de dezembro. Assim, percebe-se que elas estão concentradas, na maioria, em meses de férias escolares (julho e dezembro). Essas matérias abordam apenas dois temas, entretenimento e conteúdo paradidático (o que chama a atenção, por serem meses de recesso nas escolas, mas que pode ser explicado pelo interesse das crianças em bichos e ciência; ver p. 138-139). A divisão de acordo com as datas está descrita no gráfico abaixo (**figura 2**).

Figura 2 Reportagens de capa sem crianças ouvidas

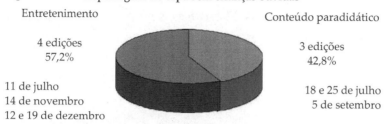

Entretenimento

4 edições
57,2%

11 de julho
14 de novembro
12 e 19 de dezembro

Conteúdo paradidático

3 edições
42,8%

18 e 25 de julho
5 de setembro

Nas *capas do suplemento*, 40% não trouxeram fotos com crianças (analisando a maior imagem da primeira página, relacionada à matéria principal da edição). Em dois desses casos, apesar de não haver meninos e meninas na primeira página, a reportagem entrevistou crianças: 8 de agosto ("Globo escolar", que abordou rotinas escolares pelo mundo) e 19 de setembro ("Baleia à vista", sobre animais que aparecem na costa santa-catarinense). Nos 60% restantes, *os meninos tiveram mais aparições do que as meninas*: foram nove capas exclusivamente com o gênero masculino e cinco com o feminino. Apenas uma edição trouxe menino e menina na fotografia de capa, conforme o gráfico a seguir (**figura 3**).

Figura 3

Edições e fotos de crianças na capa
Gênero

Meninos
9
36%

Sem crianças
10
40%

Ambos
1
4%

Meninas
5
20%

Em números absolutos, na *capa* das 25 edições estudadas, foram retratadas 22 *crianças*, sendo 14 meninos e oito meninas. Vejas as porcentagens (**figura 4**):

Figura 4

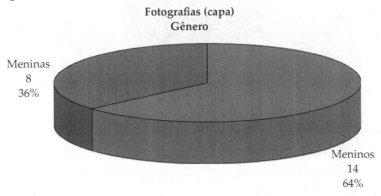

Somando às crianças estampadas na capa aquelas que apareceram em fotos nas *páginas internas* da reportagem (32 garotas e 34 garotos), aumenta a proporção de meninas em relação ao todo, mas os meninos continuam sendo a maioria. Veja na **figura 5**:

Figura 5

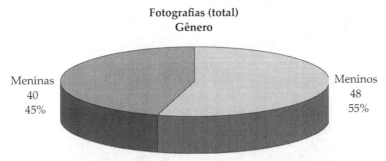

Essas fotografias estão distribuídas por 18 edições, já que as outras sete *não apresentam fotos de crianças* na reportagem principal (capa e internas) – em vez disso, há ilustrações ou imagens de paisagens e animais (**figura 6**). Nesses casos de ausência de fotografia, são quatro edições com matérias de conteúdo paradidático (18 e 25 de julho, 5 de setembro e 24 de outubro) e três apresentando entretenimento como tema principal (14 de novembro e 12 e 19 de dezembro). Os mesmos assuntos aparecem na **figura 2**, que mostra edições que não ouviram crianças – há a coincidência de seis das sete edições (18 e 25 de julho e 5 de setembro, no caso de conteúdo paradidático, e 14 de novembro e 12 e 19 de dezembro, em entretenimento). A exceção está na reportagem de 11 de julho (sobre brinquedos de sucata), que não entrevista meninos e meninas, mas traz retratos de crianças em oficinas.

Figura 6

Uso de fotografias (com crianças)

Edições sem foto
7
28%

Edições com foto
18
72%

Aliás, em relação aos *temas, comportamento foi o predominante* (36%), seguido de entretenimento e conteúdo paradidático, ambos com 20% (**figura 7**):

Figura 7

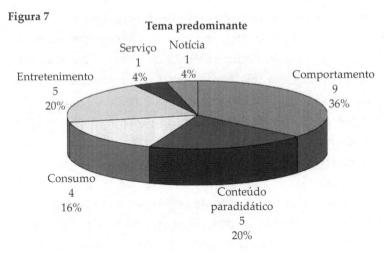

Relacionando os dois gráficos, acredito que seja importante ressaltar que todas as edições que têm como assunto principal "comportamento" apresentam fotos de crianças, todas entrevistadas (somente uma delas, "Globo Escolar", de 8 de agosto, tem fotos apenas nas páginas internas; as demais apresentam imagens de meninos e meninas tanto internamente quanto na capa).

Sobre a *faixa etária*, 43% das crianças tinham entre dez e 11 *anos* (54 entrevistadas); enquanto as de oito e nove anos representaram 28% (36 crianças). As crianças com idades não pertinentes ao grupo etário que faz parte do leitor imaginado do caderno, maior que 12 e até cinco anos, têm as menores porcentagens: 4% (cinco entrevistas) para cada uma. Veja a distribuição total das crianças por idade no gráfico abaixo (**figura 8**):

Figura 8

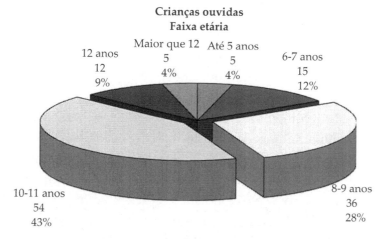

Entre as *meninas*, 21% (15 garotas) tinham 9 anos e outros 21% possuíam dez anos. Com 11 anos, estavam 15,5% das meninas; enquanto as de 8 somaram 14%. A distribuição total por idade está representada no gráfico a seguir (**figura** 9).

Figura 9

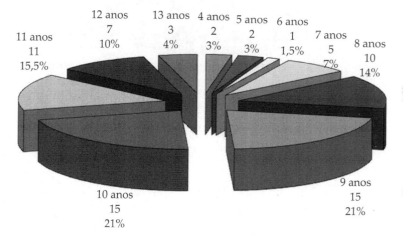

Em relação às faixas de idade estabelecidas na pesquisa, temos:
- 6% com até cinco anos;
- 8,5% com seis ou sete anos;
- 35% com oito ou nove anos;
- 36,5% com dez ou 11 anos;
- 10% com 12 anos de idade; e
- 4% com mais de 12 anos.

Entre os *meninos*, 37% (21) estavam com dez anos quando foram entrevistados, enquanto 12% tinham sete anos. Garotos com sete e oito anos representaram, ambos, a proporção de 11%. Observe o número e a porcentagem de cada idade no gráfico abaixo (**figura 10**):

Figura 10

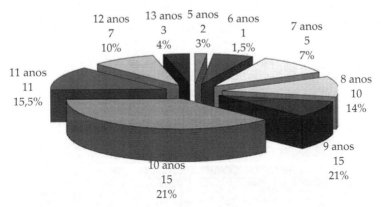

Se distribuirmos os meninos entrevistados de acordo com as faixas de idade usadas como subcategorias, a proporção é a seguinte:
- 2% com até cinco anos;
- 16% com seis ou sete anos;

- 20% com oito ou nove anos;
- 49% com dez ou 11 anos;
- 9% com 12 anos de idade; e
- 4% com mais de 12 anos.

Avaliando apenas as *capas*, a maior parte das crianças retratadas (não necessariamente entrevistadas; assim, nem todas tiveram a idade revelada) tinham dez anos (cinco ou 37%), seguidas das que possuíam nove anos (3 ou 21%). A distribuição completa por idade está na **figura 11**. Das que tinham dez anos, quatro eram meninos. Das que tinham nove, todas eram meninas. Com oito, eram um menino e uma menina.

Figura 11

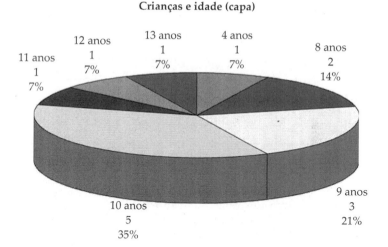

Crianças e idade (capa)

Quanto às *marcas de referência geográfica*, foram encontradas, nas 25 reportagens, *nove indicações para a cidade de São Paulo e sete para o litoral e o interior do Estado*. Apenas três edições não tinham nenhuma referência de lugar (incluindo locais no exterior): "Ih, cadê" (sobre esquecidos), de 12 de setembro; "De olho no bicho", de 31 de outubro; e "MP3 na cabeça", de 7 de novembro. Nesse item, o interessante é notar que, em 4 edições, aparecem lugares da cidade de São Paulo *sem referência explícita à cidade* ("Isso também é brinquedo", de 11 de julho, sobre reciclagem; "Pequenos cineastas", de 21 de novembro, que abordou a produção caseira de filmes; "Corte no consumo", de 28 de novembro; e "Mascotinhos em campo", de 5 de dezembro, sobre crianças que entram no gramado com jogadores de futebol, antes das partidas). O objetivo de investigar esse dado é entender se, para a redação, suas crianças leitoras (imaginadas) estão na capital.

Foram observados ainda 113 *verbos no imperativo* (meço o primeiro uso de verbo por edição, para evitar distorções, por exemplo, na utilização repetida do verbo em textos com passo a passo de artesanato). As formas verbais mais usadas, nas capas e nas páginas internas, aparecem na tabela a seguir – com a frase a que estão ligadas, quando há (a barra separa as aparições do verbo em cada edição):

Figura 12

Verbo	Edições em que aparece
Confira (dicas/fatos e mitos do satélite/as atividades no site/cuidados)	5
Faça (um furo; outro furo; vários furos; uma ponteira; furos/uma lista, para saber se você passou dos limites, indicando dinheiro e tempo gastos com o ídolo/perguntas/um registro/a produção/suas fantasias)	5
Deixe (secar/não deixe de conferir a agenda/não deixe a privada aberta/à disposição)	4 (2 na forma negativa)
Aproveite (as facilidades/roupas, retalhos/a luz difusa)	3
Fique (ligado no consumismo exagerado que os personagens provocam/esperto/de olho)	3

Coloque (peças; seu nome/não coloque a comida; não coloque potes/as tampinhas)	3 (1 na forma negativa)
Conheça (invencionices/alguns dos vilões/costumes)	3
Leia (ao lado)	3
Não se esqueça (de mim/da garrafinha de água/pitada de maluquice)	3
Passe (as imagens para o computador/protetor solar e repelente/um palito/fita adesiva/os palitos/o barbante/o arame/o palito)	3
Use (roupas confortáveis/a criatividade/o cinto de segurança)	3
Veja (como aproveitar a sucata/nesta edição/como o som é armazenado)	3 ·

A reportagem com mais verbos imperativos (23) foi a publicada no dia 11 de julho, com a manchete "Isso também é brinquedo". Como a matéria mostrou o passo a passo para a construção de objetos com sucata, os termos imperativos, referentes ao "como fazer", estavam muito presentes. Em seguida, aparece a edição especial de 31 de outubro ("De olho no bicho"), com 14 verbos, que, em sua maioria, indicavam como cuidar de animais de estimação. Com 11 termos no imperativo estão a edição de 12 de setembro, "Ih, cadê?", em que a maior parte dos verbos foi usada para dar "dicas" às crianças esquecidas, e o texto "Pequenos cineastas", de 21 de novembro, em que o imperativo aparece sobretudo no box que tenta ensinar a produção de vídeos caseiros. Com oito verbos, a capa "Olha o passarinho!", de 4 de julho, usou os imperativos para mostrar os procedimentos necessários à observação de pássaros. Com sete, vem "Nó na língua", de 5 de setembro, que falou de como criar trava-línguas e adivinhas na língua portuguesa. Nessas 25 edições, três reportagens não trouxeram nenhum verbo imperativo – "Qual é o seu desejo?" (15 de agosto, sobre um novo filme), "Por dentro do balão" (24 de outubro, que explica o funcionamento desse aparelho) e "Balaio de histórias" (de 14 de novembro, com personagens e elementos presentes em histórias africanas). Não foi encontrada nenhuma relação entre o tema, o mês ou a presença de crianças e a aparição, maior ou menor, de verbos no imperativo.

Sobre os *infográficos, a maior parte das edições fez uso do recurso (56%)*; no entanto, como se pode notar, a diferença em relação às que não publicaram o instrumento visual foi relativamente pequena (44%; **figura 13**). Em todas as edições, foram identificados 25 deles (cinco são fotos-legendas). Apenas três reportagens trouxeram mais de um: "Isso também é brinquedo", de 11 de julho, com cinco (que explicam como montar brinquedos: 1 com cinco fotos; 1 com seis, dois com sete; e um com três); "De cabeça na França", de 1º de agosto, com dois (são fotos-legenda, mas a imagem não ilustra apenas, ajuda a entender o texto); e "De olho no bicho", de 31 de outubro, com quatro infográficos (que trazem cuidados com os animais; cada um tem uma grande ilustração, sintetizando algumas medidas). Observa-se ainda que não há relação entre o tema explorado e a ausência ou a presença de infográficos.

Figura 13

4.2.2. 'Estadinho'

Assim como na "Folhinha", o *corpus* de pesquisa contemplou as edições de 4 de julho a 19 de dezembro de 2009 (o suplemento não foi publicado em 26 de dezembro). Os cadernos foram consultados em arquivo pessoal e no site do jornal *O Estado de S. Paulo*, que disponibiliza as páginas digitalizadas do periódico (http://digital.estadao.com.br/home.asp). Novamente, como realizado com a "Folhinha", os anexos desta dissertação trazem os dados pesquisados mais importantes, condensados em tabelas.

Nas 25 reportagens de capa analisadas, foram detectadas falas – diretas ou indiretas – de 45 *crianças*, divididas em 20 meninas e 25 meninos, o que representa média de 1,8 criança por edição (**figura 14**). Um menino, João Victor Sayon, 7, foi ouvido três vezes pelo "Estadinho" nos seis meses estudados – em duas edições, foi usado um mesmo retrato do garoto –, e a menina Nara Dias, 9, duas vezes. Ainda que o fato chame a atenção, para análise, assim como ocorrido com o estudo do outro suplemento, desconsideramos a repetição.

Figura 14

Nas edições em que houve entrevistados, a matéria "Programa legal de índio", sobre etnias indígenas, de 21 de novembro, foi a que *ouviu mais crianças*: oito, sendo cinco meninos, a edição com mais garotos, e três meninas (nesse caso, ressalto que a idade dos entrevistados foi informada em apenas três casos). Em "Notícias da hora", que abordou o programa "Plantão do Tas", de 19 de dezembro, sete crianças foram entrevistadas (quatro meninos e três meninas). As reportagens que mais ouviram garotas foram "Duas caras", de 12 de dezembro, sobre gêmeos, e "Cuca fresca", de 7 de novembro, que falou de arte – ambas com quatro meninas. No último caso, vale frisar que apenas o primeiro nome das entrevistadas (com foto) foi publicado, quebrando o padrão do suplemento.

Das 25 capas, *14 reportagens não entrevistaram crianças* (todo o mês de julho, nos dias 4, 11, 18 e 25; 1º, 15 e 22 de agosto; 5 e 26 de setembro; 3, 10, 17 e 31 de outubro; e 5 de dezembro). Ao contrário do que ocorre com a "Folhinha", não há predomínio de temas nessas matérias (**figura 15**). A concentração foi maior em julho, férias escolares, e também em outubro. Com esse cenário, creio que não seja possível tecer relação entre a ausência de meninos e meninas e alguma intenção prévia da redação:

Figura 15

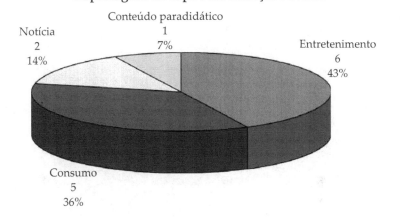

Quanto às *fotos com crianças*, elas estavam *ausentes em 68% das capas (primeira página)*. Nesse caso, quatro das 17 capas sem retratos ouviram crianças, mas as fotos delas estavam apenas nas páginas internas: 8 de agosto ("O que você tem na cabeça", sobre exposição na capital paulista que falava do cérebro); 19 de setembro ("Viradinha olímpica", que abordou um evento esportivo em São Paulo; 24 de outubro ("Passagem mágica", sobre livros sem imagens); e 14 de novembro ("A turma da bagunça", que falou de um grupo de artistas). Nas demais, 32%, duas capas trouxeram fotografias de meninos e três estampavam meninas. Os dois gêneros apareceram juntos em outras três datas (veja a proporcionalidade na **figura 16**). Somadas, *as fotografias publicadas na capa* representaram *21 crianças* (57% delas eram de meninas). Os dados completos estão na **figura 17**, abaixo:

Figura 16

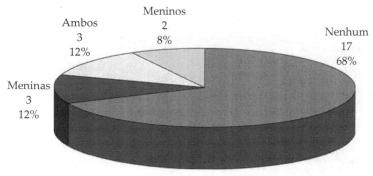

Figura 17

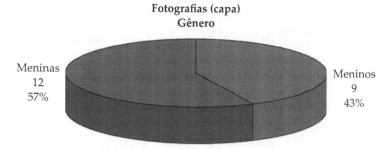

Considerando também as crianças cujos retratos foram publicados nas páginas internas, a proporção de meninas diminui, mas continua dominante (de 57% para 51%). Nessas *imagens internas*, foram 18 meninas e 20 meninos fotogrados. Veja no gráfico abaixo (**figura 18**) os valores totais de fotos de crianças publicadas (na capa e nas demais páginas da reportagem).

Figura 18

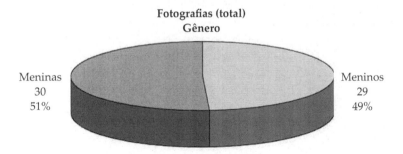

Das 25 edições, 11 (ou 44%) *não trazem fotografias* com crianças (**figura 19**), na capa ou nas páginas internas da reportagem principal. Nesses casos, o suplemento usa sobretudo ilustrações, imagens de animais e objetos e retratos de artistas já adultos. Ao contrário do que ocorre com a "Folhinha", não é possível definir temas dominantes nessas 11 edições: são quatro reportagens sobre *entretenimento* (4 de julho, 1º de agosto, 26 de setembro e 31 de outubro); quatro que abordam *consumo* (3, 10 e 17 de outubro e 5 de dezembro); duas trazem *notícias* (18 de julho e 5 de setembro) e uma tem *conteúdo paradidático* (15 de agosto). Há correspondência desses quatro temas com os assuntos predominantes nas edições que não entrevistaram crianças (**figura 15**), mas não há sempre coincidências entre as matérias (as reportagens de 11 e 25 de julho e 22 de agosto não ouviram meninos e meninas, porém trouxeram fotos com crianças: personagens de filme; público do Instituto Butantã; e participantes de um programa de TV, respectivamente).

Figura 19

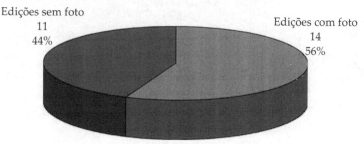

Em relação à *divisão temática* de todas as 25 capas, *consumo* é o mais presente, em dez edições (40%), seguido de perto por *entretenimento* (36%). Assim, demonstra-se que 76% das reportagens de capa se concentram nesses dois assuntos. Notícia, comportamento e conteúdo paradidático apareceram em duas matérias, cada um. A subcategoria serviço, pré-definida em nossa análise, não teve nenhuma edição correspondente. Veja todas as porcentagens no gráfico abaixo (**figura 20**):

Figura 20

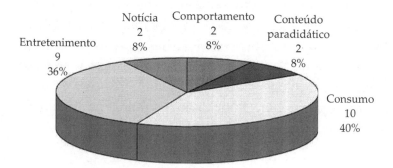

Observando as informações expostas nos dois últimos gráficos, não é possível traçar relações entre determinado tema e a presença de fotos de crianças nas reportagens. As edições com notícias na capa são obrigatoriamente privadas de retratos de meninos e meninas, mas, como são apenas duas reportagens em todo o *corpus*, creio não ser prudente estabelecer ligações nesse caso.

Em relação à *faixa etária* (**figura 21**), 31% das crianças entrevistadas estavam com *seis e sete anos* (12 meninos e meninas); 29% possuíam entre *dez e 11 anos* (11 crianças); e 16% tinham *oito e nove anos* (seis entrevistadas). Com 12 anos ou mais, idade não abarcada pelo público-padrão da redação, foram quatro entrevistadas (11%) – apenas uma delas tinha mais de 12 anos. Com até cinco anos, parcela também não contemplada nas características do leitor-padrão do suplemento, foram cinco crianças (13% do total de meninos e meninas ouvidos): apenas 38 das 45 entrevistadas tiveram suas idades indicadas.

Figura 21

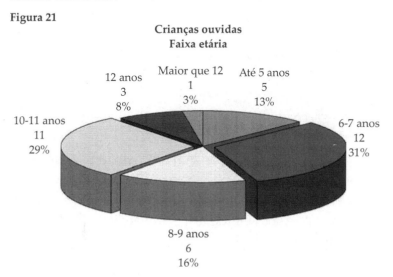

Analisando apenas as *meninas*, a maior parte, 26% (quatro garotas), tinha sete anos. Em seguida aparecem as que tinham cinco anos (três meninas) e as de dez e 12 anos (com duas meninas em cada uma dessas idades). Veja abaixo a distribuição total (**figura 22**):

Figura 22

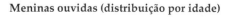

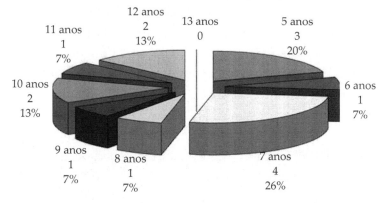

Se redistribuirmos esses números segundo as faixas de idade usadas nas subcategorias da pesquisa, teremos:
- 20% com até cinco anos;
- 33% com seis ou sete anos;
- 14% com oito ou nove anos;
- 20% com dez ou 11 anos;
- 13% com 12 anos de idade; e
- nenhuma com mais de 12 anos.

Com os *meninos*, 27% (seis) tinham dez anos; 17% (quatro) posuíam sete anos; e outros 17% (quatro) estavam com oito anos. Não foi ouvido nenhum garoto com 12 anos ou com nove anos. Os dados completos estão descritos abaixo (**figura 23**):

Figura 23

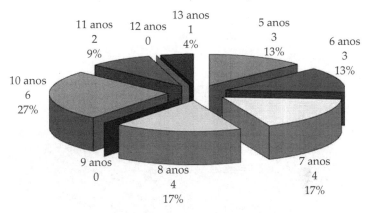

Assim como realizado com as meninas, distribuindo os meninos entrevistados pelo "Estadinho" nas subcategorias de faixa etária definidas no item 4.1.2.1 deste capítulo, temos as seguintes proporções:
- 13% com até cinco anos;
- 30% com seis ou sete anos;
- 17% com oito (nenhuma estava com nove anos);
- 36% com dez e 11 anos;
- Nenhum garoto com 12 anos; e
- 4% com mais de 12 anos.

Ao analisarmos somente as *capas em que há retratos de crianças*, vemos que a *distribuição etária é bastante irregular* (**figura 24**). No entanto, é preciso considerar que em quatro casos (11 e 25 de julho e 22 e 29 de agosto) não foram divulgadas as idades dos meninos e das meninas retratados (edições em que havia imagens de atores e de crianças visitando o Instituto Butantã e participando de um programa de TV). Em relação ao gênero/idade, temos: um menino com 13; uma menina com 12; um menina com nove; duas meninas com sete anos; e uma menina com cinco.

Figura 24

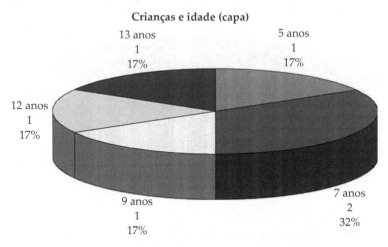

Nas *marcas de referência geográfica*, foram identificadas *oito indicações para a cidade de São Paulo e cinco para o litoral e para o interior do Estado*. Elas foram encontradas em nove das 25 edições: 4 de julho ("Pipa: faça a sua"); 18 de julho ("50 anos do rei... dos quadrinhos", sobre Mauricio de Souza); 15 de agosto ("Papo de bicho", abordando animais); 5 de setembro ("Que palhaçada é essa?", que falou dos Doutores da Alegria); 19 de setembro ("Viradinha olímpica", evento esportivo em São Paulo); 3 de outubro ("O incrível Homem-Aranha ao vivo", que abordou uma peça de teatro); 10 de outubro ("A estrela do teatro", sobre animais em uma peça); 17 de outubro ("Planeta Oca", que comentou a exposição sobre *O Pequeno Príncipe*); e 7 de novembro ("Cuca fresca", que falou de arte). Foram observadas ainda cinco edições com referências a São Paulo, sem explicitar o nome da cidade (4, 18 e 25 de julho; 10 de outubro; e 19 de dezembro) – como entendido com a "Folhinha", esses dados foram pesquisados para entender se a redação tem como leitor-padrão uma criança habitante da capital.

A pesquisa também encontrou *181 verbos no imperativo* (assim como na pesquisa da "Folhinha", meço o primeiro uso de verbo por edição, tanto na capa quanto nas páginas internas). Veja na tabela abaixo (**figura 25**) as formas verbais que mais apareceram no suplemento, seguidas das frases às quais estão ligadas (ressaltando-se que há casos em que o verbo é usado sem complemento ou adjunto):

Figura 25

Verbo	Edições em que aparece
Veja (a discografia/a entrevista no site/abaixo/ ações que o cérebro faz/as dicas de Mauricio/ se a história está completa/livros recomendados/no rodapé/o endereço do blog/o blog dela/o making of/outro trecho do ensaio no site/por meia hora)	11
Vá (até a página 8 – duas vezes, em diferentes edições –/até o último andar/direto para o Totlol [site]/intercalando/liberar toda a energia/para a sala de cinema/para os esportes mais alternativos)	8
Faça (a sua pipa/dois furos/isso com os livros/o mesmo corpo/um desenho/o teste/ um pedido/um topete/as pintinhas/a viagem pela Oca)	7
Descubra (nas cartas/o que há de diferente/o que você tem na cabeça/quais esportes têm mais a ver com você/que esporte mais combina com seu jeito/sobre o que eles falam)	5
Leia (a história novamente/o texto/tudo/a matéria/abaixo/as dicas/o livro)	5

Use (esta base/luvas/ não use linha metálica/não use cerol/o espaço em branco/ o questionário)	5 (1 na forma negativa)
Aproveite (a programação/para conhecer cada bicho/para colocar as perninhas para fora)	4
Pense (em que poderes eu teria/não pense que você pode manipular qualquer bicho/que alguém deve estar rindo/um título)	4

A edição de 28 de novembro ("Aula de gibi") foi a que teve maior número de aparições de verbos imperativos (20). Nessa reportagem de capa, Mauricio de Souza ensinava a fazer histórias em quadrinhos e falava de um site, de sua companhia, que também mostrava a criação de HQs. Esse passo a passo justifica a grande utilização dessa forma verbal. Em 4 de julho, o título "Pipa: faça a sua" expressa o objetivo tutorial da edição, cujo texto principal apresenta 19 verbos imperativos. Em 19 de setembro, a edição "Viradinha olímpica" fala de um evento esportivo na cidade de São Paulo e estimula as crianças a praticarem atividade física. Para isso, a reportagem fez uso de 18 formas verbais imperativas. O mesmo número aparece na edição de 17 de outubro, "Planeta Oca", que fala sobre uma exposição na capital paulista, sugerindo um roteiro para a visita. Das 25 edições, apenas duas não trouxeram imperativos: "Papo de bicho", sobre a comunicação entre os animais, de 15 de agosto, e "Programa bem maluquinho", de 22 de agosto, que fala de uma atração da TV comandada por Ziraldo. Assim como ocorreu com a "Folhinha", não foi possível estabelecer conexões entre o aparecimento de verbos imperativos e os meses do ano, os temas e a presença de crianças entrevistadas – em virtude, sobretudo, do número pequeno de edições sem essa forma verbal.

Em relação à presença de *infográficos*, 60% (15) das edições não fizeram uso do recurso jornalístico. Nas dez edições restantes, foram 12 infográficos. Dessas matérias de capa, duas apresentavam dois desses elementos: "Pipa: faça a sua", de 4 de julho, e "Que palhaçada é essa?", de 5 de setembro. Assim como ocorrido com a "Folhinha", não foi possível definir relações entre a utilização de infográfico com o tema, com o mês do ano ou com as entrevistas com as crianças.

Figura 26

Capítulo V – O que o papel diz

5.1. Criança no papel

Média de 1,8 criança por reportagem principal. Os números nem sempre são capazes de transmitir precisão. Não existe "uma criança e mais uma parte" ou ainda a ideia de "quase duas crianças". Assim, o dado a que cheguei quando contabilizei as crianças entrevistadas nas reportagens de capa do suplemento "Estadinho" não pode ser traduzido numa imagem concreta. Porém, a falta de unidade nesse caso pode nos ajudar a entender o todo do "leitor de papel" desse caderno infantil.

O "Estadinho" quer falar para crianças, mas não as ouviu sempre: 56% das suas matérias de capa do semestre analisado (14 de 25) não entrevistaram meninos ou meninas. Ou seja, o "leitor de papel" nem sempre aparece no caderno, e essa ausência indica que a criança leitora do (então) tabloide não se vê em todas as suas páginas. Se o suplemento quer falar para os pequenos, mas eles estão ausentes de mais da metade de suas reportagens, talvez o discurso da criança esteja até mimetizado (somente uma nova pesquisa comprovaria a hipótese, com abordagem pela análise do discurso), mas não totalmente presente. E como conseguir abordar temas de interesse infantil, de forma que haja

138   JULIANA DORETTO

identificação com o público leitor específico (característica importante dos suplementos; ver p. 61), sem ouvir as crianças nas reportagens em 14 de 25 semanas de publicação?

Um das razões para que "menos de duas crianças" tenham aparecido em cada edição pode ser a escolha temática adotada pelo suplemento: 76% das reportagens falam de assuntos relacionados a consumo e a entretenimento: 40% e 36%, respectivamente. Se analisarmos somente as matérias que não ouviram meninos ou meninas, a proporção se inverte, mas os temas se mantêm: 43% abordaram entretenimento e 36%, consumo. Neste livro, já expressei que não considero que esses temas deveriam estar ausentes do escopo do tabloide, tendo em vista que o consumo (e o entretenimento ligado a ele) é um dos processos que moldam nossa sociedade atual, e a criança está inserida nesse processo (ver p. 31). Mas essa opção faz com que o "Estadinho" se torne basicamente um caderno de cultura e lazer, e isso, apesar de ser uma de suas propostas (ver p. 87-89), foge à complexidade da infância, atingindo assim os pequenos leitores em poucos aspectos de seu cotidiano. Além disso, a abordagem do consumo nas reportagens *de capa* revela a importância dada ao assunto pelo caderno (e a leitura flutuante feita nesta pesquisa indicou que o tema também está presente em outras páginas do suplemento). Assim, diz-se para a criança o que ela pode fazer para se divertir ou os últimos lançamentos do mercado, sobretudo culturais, porém não se ouvem meninos e meninas para saber o que elas pensam desses produtos e eventos – o que poderia ajudar na formação da consciência crítica do consumo e fazer que a criança entenda que sua opinião é importante em seu meio social.

Além disso, o recorte de temas e abordagens é próprio do suplemento, como expressamos no capítulo 3, porém as crianças não têm à disposição variedade grande de publicações jornalísticas (ver p. 72), o que reforça meu entendimento de que é necessário que os cadernos infantis busquem a diversidade de temas, com o aprofundamento possível – de acordo com o espaço disponível e o desenvolvimento intelectual da criança. Esse processo demandaria, automaticamente, mais investimento em interpretação e investigação jornalísticas e menos aproveitamento das notas de divulgação (ou pelo menos um trabalho maior de análise desse material, para a elaboração de textos críticos), procedimentos que, como propõe Medina, incorrem na dialogia como método jornalístico (ver p. 55). Em nosso caso, ela se traduziria em entrevistas mais frequentes com crianças e, por meio desse contato, em temas que explorassem as questões internas e sociais dos pequenos. Além disso, segundo informou a então editora da "Folhinha", Patrícia Veiga, em questionário respondido para este estudo, as crianças demonstram gostar de variedade de assuntos. Ela diz que pesquisa feita pelo caderno em escolas revela que "as crianças gostariam de ler no caderno, por ordem crescente de interesse: 1. bichos; 2. cinema; 3. brinquedos; 4. esportes; 5. ciências; 6. livros; 7. família; 8. atualidades; 9. tecnologia; 10. teatro; 11. comportamento; 12. fenômenos de massa; 13. relacionamento; 14. sexualidade; e 15. problemas sociais".

Na "Folhinha", nota-se um trabalho jornalístico mais próximo dessa proposta, tendo em vista que é maior o número de crianças entrevistadas: 127, espalhadas por 72% das edições analisadas, contra 45 do "Estadinho"; média de 5,08 por edição (as duas datas com mais entrevistas foram dois especiais, com grande concentração de meninos e meninas ouvidos – 30, somadas as duas matérias). Há também, ao contrário do que ocorre com o outro caderno, menor destaque para entretenimento (20%) e em consumo (16%) e mais interesse em assuntos classificados como comportamento (36%): em todos estes últimos casos, há crianças ouvidas, o que confirma a afirmação da editora, revelada no questionário, de que o suplemento sempre entrevista crianças em reportagens nessa área. Espelho dessa distribuição diferente de pautas entre as duas publicações é a ocorrência de apenas uma repetição de reportagem de capa nos dois cadernos: o lançamento de um filme norte--americano, no dia 15 de agosto, na "Folhinha", e no dia 29 do mesmo mês, no "Estadinho" (matéria que deve ter sido gerada pela ação promocional da película, ainda que apenas o primeiro caderno tenha explicitado que a viagem da repórter aos EUA, para a cobertura da estreia do filme, foi paga pela empresa cinematográfica).

A última reforma editorial do "Estadinho", no entanto, parece apontar um caminho para mudar essa característica, criando espaços fixos para que crianças apareçam no suplemento, mesmo quando não sejam entrevistadas na reportagem de capa (ainda que a antiga editora, Padiglione, já reforçasse a necessidade de presença de crianças; ver p. 87-89). Aryane Cararo, última editora do caderno (desde maio de 2010), diz que "o papel [suplemento impresso] tem uma cara entre os gibis e os livros infantis. É claro que criança gosta de ver criança. Mas as matérias de capa podem não ter criança, principalmente quando seguem a linha de um manual [próximo ao didático]. Uma capa sobre dinossauros, por exemplo, pode só ouvir um paleontólogo. Pode não estar na matéria, mas há seções em que ela sempre vai estar: 'Eu faço careta' (que publica fotos de crianças fazendo caretas) e 'Pequenos contadores' (em que os leitores mandam histórias para o suplemento). São dois locais fixos, em que ela sempre vai estar. Não serão desrespeitados. A nossa preocupação é interagir com o leitor – e não só como personagem de matéria. Queremos que ele ajude a fazer o 'Estadinho'".

Nos dois cadernos, contudo, percebe-se que o noticiário ainda é considerado tema adulto, já que pouco aparece nos dois suplementos infantis (8% no "Estadinho" e 4% na "Folhinha"). A crescente diluição das fronteiras entre o mundo adulto e o infantil, trazida pela expansão da TV, de acordo com a proposição de Postman (ver p. 29-30), auxilia na defesa da crença de que essas publicações (com a escola e com a família) devem ajudar a criança a entender melhor os fatos considerados relevantes pela mídia, já que elas agora são expostas a acontecimentos que, antes do advento da televisão, os adultos tentavam esconder em ocasiões privadas ou por meio da divulgação pela escrita. Em comentário a esses dados, a então editora da "Folhinha" explicitou que o noticiário é apenas um dos assuntos que o caderno quer abarcar: "Tentamos esquentar a 'Folhinha' ou com agenda (temas ligados a uma data) ou com noticiário adulto que chega nas rodas de conversa delas (crise econômica, catástrofes etc.), temas de dia a dia infantil (namoro, menstruação, morte) ou ciência (que é o tema de que elas mais gostam)". No "Estadinho", a editora teceu considerações sobre a então política editorial do caderno, já que não estava na redação nas edições estudadas nesta pesquisa, ressaltando que o investimento maior estava, na ocasião, na leitura, no lúdico e na interatividade da criança com o suplemento, e não no discurso e na temática noticiosos (que ainda assim podem aparecer, respeitando esses novos focos). Ela, no entanto, acredita que o "antigo 'Estadinho'" dava muita ênfase a atrações culturais.

Nas fotografias com crianças, a "Folhinha" repete a tendência encontrada no texto: 48 meninos e 40 meninas foram retratados pelo caderno; imagens que se espalharam por 18 das 25 edições (72%). Nas capas (primeiras páginas), 60% têm fotos de crianças (relacionadas a chamadas para a reportagem principal). Aqui, no entanto, é necessário ressaltar que, dessas fotografias, apenas duas eram de crianças com traços mulatos (nenhuma tinha características orientais) – nesse caso, os garotos eram capa do especial "Mapa do Brincar", que mostrava brincadeiras de todas as regiões do país; ou seja, retomando o conceito da identidade marcada pela exclusão (ver p. 17), o suplemento, nesse caso, pode provocar, na capa, a associação de que a criança não paulista pode ter traços negros. Já no "Estadinho", apenas pouco mais da metade (56%) das edições tinha crianças retratadas (30 meninas e 29 meninos) e, *quase inversamente* ao que ocorre com a "Folhinha", 68% das primeiras páginas não tinham fotografias de meninos ou meninas. Nas fotos de capa da matéria principal, foram identificados um menino negro e uma criança indígena – neste último caso, sem referência clara ao gênero e em um caderno que falava especificamente dessa temática; ou seja, novamente aparece a criança "diferente", de outro grupo social, que está naquelas páginas para que a criança leitora a conheça. Assim, imageticamente, os dois suplementos têm como "leitor de papel" crianças majoritariamente brancas. Esse dado, apesar de não fazer parte das categorias delimitadas para este estudo, não deixa de chamar a atenção e sugere caminhos para novas pesquisas.

Em relação ao gênero das crianças, nota-se certo equilíbrio nos dois suplementos: 56% das crianças ouvidas pela "Folhinha" eram meninas e 44% eram meninos e, nas fotografias, 45% eram meninas e 55%, meninos; no "Estadinho", 44% das entrevistas foram com meninas e 56%, com meninos; nas fotos do caderno, 51% traziam meninas e 49%, meninos. Nas imagens da capa (relacionadas à reportagem principal), o "Estadinho" mantém o relativo equilíbrio (57% eram meninas e 43%, meninos); na "Folhinha", há maior concentração de meninos (64%). Neste último caso, como a distribuição total de entrevistas é mais equilibrada, com leve "vantagem" para as meninas (apesar de a editora explicar que a preocupação de ouvir os gêneros em igual proporção não ocorre em todas as pautas de capa – há possíbilidade de haver temas mais femininos ou masculinos, o que seria compensado em outros textos do suplemento), nota-se que *a "Folhinha" dá, ainda que levemente, maior destaque aos meninos.* Sugiro, aqui, que o caderno tenha mais cuidado com a escolha das fotos de capa, para que se mantenha a distribuição das páginas internas, já que o público modelo, dos dois suplementos, é formado por meninos e meninas.

Sobre a faixa etária, a "Folhinha" ouviu mais crianças com dez e 11 anos (43%), seguidas dos grupos com oito e nove anos (28%) e seis e sete anos (12%). Nas fotos de capa, os números não se alteram significativamente: 44% com dez ou 11 anos e 35% com oito ou nove anos. Segundo resposta da editora ao nosso questionário, essa concentração no texto e nos retratos de capa se dá porque "as crianças de dez e 11 anos são mais articuladas, por isso, em geral, rendem mais nas entrevistas". Das crianças entrevistadas, 8% não estavam nessas faixas etárias (até cinco anos e com mais de 12) – 10% no caso das meninas e 6% nos meninos –, números que considerei não muito representativos e, assim, adequado à proposta de público modelo do caderno.

No entanto, analisando apenas as meninas, nota-se maior equilíbrio entre os dois grupos etários mais ouvidos – 36,5% com dez ou 11 anos e 35% com oito ou nove –, ao contrário do que ocorre com os meninos, em que a diferença entre as faixas se acentua: 49% e 20%, respectivamente. Creio que o dado pode indicar mais desinibição nas meninas de 8 e 9 anos (o que faria que as entrevistas também "rendessem mais", conforme exposto pela editora), mas, novamente remetendo-me à dialogia, é tarefa do jornalista buscar estratégias que vençam as barreiras impostas pelo outro para a troca de experiências e de visão de mundo durante a entrevista. Voltando aos meninos ouvidos, cerca de metade deles tem a mesma faixa etária (dez e 11), o que pode significar que as opiniões de garotos de outras cinco idades que o caderno tem como leitor-padrão não estão aparecendo nas páginas do suplemento.

No "Estadinho", a divisão entre as faixas etárias é um pouco mais equilibrada: 31% das crianças ouvidas estavam com seis ou sete anos; 29%, com dez ou 11; e 16%, com oito e nove. As idades não abarcadas pelo leitor-padrão do suplemento representam 24% das crianças ouvidas: 8% com 12 anos; 3% maior que 12 e 13% até cinco anos. Em relação às capas, como existem poucas fotografias relacionadas à matéria principal com idades explicitadas (seis imagens) e há distribuição irregular de idade, os dados obtidos não ajudam nessa análise. Já no estudo específico de meninas e de meninos, as proporções, de modo geral, se mantêm (com exceção para a diminuição leve na proporção de meninas com dez ou 11). Respectivamente, os dados são: 33% e 30% com seis ou sete anos; 20% e 36% com dez ou 11; e 14% e 17% com oito ou nove (no caso dos garotos, *nenhum tinha nove anos*). As idades não abarcadas pelo público modelo somam 33% com as meninas e 17% com os meninos.

Assim, podemos concluir que o tabloide conseguiu ouvir, de modo geral, crianças de todas as idades que se enquadrariam em seu leitor imaginado, ainda que com menor presença das que tinham oito ou nove anos. Mesmo assim houve falhas que chamam a atenção. Nenhum menino com 9 anos apareceu em seis meses de edições e é grande o número de garotas e garotos que não fazem parte do leitor-padrão (mais jovens ou mais velhos). Este último fato pode, por um lado, atrair essas "outras" crianças, mas, por outro, pode afastar (ou ao menos não atrair tanto) as que estão dentro do objetivo da redação. Isso porque, segundo disse Aryane Cararo, em entrevista a mim concedida, "a criança gosta de ver criança. É uma percepção [dela] e vejo também pela leitura de cartas, pelos e-mails, pela quantidade de comentários nas matérias. Ela gosta quando uma criança aparece e também gosta de aparecer, de se ver".

Mostramos neste trabalho que estabelecer uma faixa etária extensa para o público leitor pode ser um gargalo para os suplementos infantis, já que as idades representam interesses e níveis de leitura muito diferentes. Nas últimas reformas editoriais dos dois suplementos (até o momento de realização desta pesquisa), as redações mostraram preocupação com o foco na idade do leitorado. Patrícia Veiga disse que, na ocasião, a "Folhinha" queria "atingir crianças de seis a oito anos na página 7 e de nove a 12 anos no caderno como um todo", ainda que "pesquisas nas escolas mostrem que o leitor principal tenha nove e dez anos". Desmembrando os números que conseguimos neste estudo, vemos que 24,4% das crianças ouvidas pelo caderno estavam com seis, sete ou oito anos de idade; ou seja, cerca de ¼ dos entrevistados, faixa etária que talvez possa ser atingida com mais páginas (num caderno de oito) ou, idealmente em minha opinião, com um caderno específico.

Aryane Cararo afirma que, desde maio de 2010, o "Estadinho" resolveu "focar mais no público de seis a dez anos". A editora diz: "Há diferenças grandes entre as crianças com essas idades, mas é um pouco mais homogêneo. Estão numa atividade de leitura mais semelhante. Ainda assim, continuamos [a publicação] atingindo outras idades. A seção com caretas faz muito sucesso entre crianças pequenas. 'Pequenos contadores' [espaço para a criança mandar uma história] atinge crianças maiores". A nova faixa etária focada é bastante ouvida pelo "Estadinho", segundo os dados obtidos nesse trabalho (68% do total de entrevistas com idades reveladas), o que permite classificar como acertada essa remodelação, ainda que, como afirmado acima, para a "Folhinha", as crianças em início de alfabetização talvez pudessem ter um caderno à parte, lembrando a teoria piagetiana de desenvolvimento cognitivo, que diz que o estágio pré-operacional (dos dois aos sete anos, em média, o que indica que se pode estender essa fase até oito, conforme proposta da "Folhinha") é um período

> durante o qual se dá um rápido crescimento e a compreensão e o pensamento simbólico são reorganizados, mas o pensamento da criança

é ilógico e sua abordagem à solução de problemas é não-sistemática. Durante a parte inicial deste estágio, o pensamento da criança é geralmente *egocêntrico* (marcado por uma incapacidade de levar em conta outras perspectivas que não sejam as suas) e *animista* (atribuindo motivação e características humanas a objetos inanimados); seu julgamento reflete *centralização* (foco em uma característica central de um objeto ou pessoa, com a exclusão de outras) e tem dificuldade para distinguir entre fantasia e realidade; mesmo depois dos 4 anos, as crianças baseiam suas conclusões mais tipicamente no pensamento intuitivo do que no lógico. (SCHEIBE, 2007, p. 91-92).

Ou seja, um suplemento específico para os menores poderia privilegiar, ainda mais, o lúdico (sobretudo para a abordagem do noticiário, ainda que isso ocorra em menor proporção do que nos cadernos para crianças maiores) e o estímulo à leitura, além de buscar uma linguagem o mais simples possível. Como no período seguinte, até 12 anos, as crianças "podem demonstrar habilidade para manipular objetos mentalmente e são capazes de levar em conta mais de uma dimensão de um objeto e as perspectivas dele, mas ainda são limitadas na aplicação deste entendimento a exemplos concretos (mais do que aos abstratos)" (SCHEIBE, 2007, p. 92), pode-se investir mais em textos de comportamento (em que a criança vê outras e, a partir desses casos, faz relações com sua vida) e passar a abordar o consumo, sob a perspectiva de serviço e de crítica (já que ela tem mais ferramentas para entender as relações econômicas e de posse). Vale ressaltar que, como já foi dito, acreditamos que os garotos de 12 deveriam ser alvo dos cadernos para adolescentes.

5.2. Ao redor do 'leitor de papel'

Nas marcas de referência geográfica encontradas nos textos, nota-se que os dois tabloides têm em mente que falam para uma criança habitante da cidade de São Paulo, já que foram identificadas nove edições com indicações de lugares da capital sem menção explícita à cidade: cinco no "Estadinho" e quatro na "Folhinha", somando dez referências no primeiro e seis no segundo. Foram detectadas ainda, neste último, nove referências claras à cidade de São Paulo (e sete para o interior e litoral); no "Estadinho", foram oito para a cidade (e cinco para o restante do Estado). Somando as duas, explícitas e não explícitas, temos a média de 0,72 indicação por edição no "Estadinho" e 0,6 na "Folhinha". Há casos no "Estadinho" em que a reportagem está totalmente vinculada a eventos na cidade de São Paulo, como as reportagens que abordaram exposições sobre o cérebro e sobre o livro *O Pequeno Príncipe* e peças de teatro (com animais e sobre o Homem-Aranha). Nas demais matérias com referências, há basicamente indicações de cidades onde estão instituições (citadas em entrevistas com especialistas; não considerei referências que apareceram apenas em fontes de infográficos) e locais de eventos ou outros endereços de serviço. É interessante observar que os casos de indicações geográficas dos dois cadernos não apresentam a cidade em que mora a criança entrevistada – exceção para a edição do "Mapa do Brincar", da "Folhinha", em que as diferenças regionais foram o mote. Esse dado pode ser um aspecto positivo, no sentido de que a redação demonstra que não importa o lugar onde vive a criança, mas sim a sua história. Pode, no entanto, camuflar o fato de que todos os entrevistados vivem na cidade de São Paulo, sede dos dois jornais, mas isso não necessariamente compromete o jornalismo desses suplementos, já que as histórias contadas não dependem do local em que ocorreram (demonstrado pela ausência da referência).

No entanto, com as várias indicações a endereços da capital (média de duas referências a cada três edições), ambos os suplementos afastam parcela do seu leitorado, explorando na capa opções de entretenimento que estão fora de seu alcance espacial – os dois cadernos são encartados em jornais que querem abrangência nacional. Aryane Cararo, em entrevista realizada para esta pesquisa, explica que, na então mais recente reformulação do caderno, em março de 2010, a redação atentou para isso e desvinculou o suplemento impresso da agenda cultural paulistana (como gancho principal de pautas de capa): "Criamos o blog também para continuar indicando o que era legal. O 'Estadinho' acabava dando agenda só da capital. E a gente tem muito leitor no país todo. Acaba sendo uma parte morta do papel que você recebeu. Tiramos a programação cultural um pouco também por isso". (Aqui, cabe uma observação: essas sugestões de lazer nem sempre são gratuitas, mas o público leitor teria acesso a elas, já que é composto majoritariamente pelas classes de bom poder aquisitivo).

Ao analisar o uso dos verbos no imperativo, notamos que, no "Estadinho", esse tipo de expressão apareceu mais vezes do que na "Folhinha": 181 contra 113. Como esta pesquisa analisou 25 reportagens (que em sua grande maioria tinham duas páginas por edição), e a chamada de capa para essa matéria, temos a média de 75 páginas estudadas em cada suplemento, o que dá média de 2,41 imperativos por página no "Estadinho" e 1,50 na "Folhinha".

Ressalta-se, novamente, que foram contabilizadas as primeiras aparições dos verbos em cada reportagem, para evitar distorções com o uso repetido das mesmas formas verbais em um passo a passo (palavras como "faça" e "passe" estão entre os imperativos mais comuns dos cadernos). Cabe destacar também que poucos dos verbos utilizados querem chamar a atenção do leitor para o que é oferecido pelo suplemento – na "Folhinha", são cinco aparições de "confira" e três de "leia"; no "Estadinho", são 11 de "veja" e cinco de "leia". Assim, o número trazido pelo cálculo médio mostra que o uso do imperativo é frequente nos dois cadernos, sobretudo no "Estadinho". Essa informação é reforçada com outro dado obtido: *o de que apenas três das edições da "Folhinha" e duas do "Estadinho" não usaram verbos no imperativo.*

Cristina Ponte, ao analisar o noticiário ligado à infância em dois jornais portugueses no ano de 2005, chama a atenção para esse discurso do jornalismo, que "trai" ideais tradicionais da reportagem:

> Novas escritas e valores jornalísticos "pós--modernos", como o artigo de aconselhamento, as histórias cordiais e a orientação para a esfera privada contrastam com a escrita e os valores "clássicos" do jornalismo, com predomínio de critérios como a controvérsia, a amplitude, o impacto social, a negatividade, o conflito (HARTLEY, 1998 *apud* PONTE, 2007, p. 53).

Ressaltei em diversos momentos desta dissertação que a infância é uma fase intensa de formação de identidade, de aprendizado extenso, de construção da cidadania. É esperado, portanto, dos redatores e produtores jornalísticos envolvidos com esse público que tomem cuidado com os temas e os termos escolhidos, mas essa atenção não deve implicar um discurso doutrinador, e sim instigador (nesse sentido, também didático), como afirma Ponte. É desse modo, em minha opinião, que o jornalismo e a educação devem se aproximar nos suplementos para crianças. Isso porque, para dois estudiosos americanos da imprensa, Kovach e Rosenstiel (2003, p. 22), a finalidade do jornalismo é "fornecer informação às pessoas para que estas sejam livres e capazes de se autogovernar". Para Citelli (1997, p. 32), professor da Escola de Comunicações e Artes da Universidade de São Paulo, o ato de educar deve ser um "compromisso com a formação da cidadania". Assim, entendo que ambas as áreas devem dotar as pessoas de ferramentas para que possam compreender, *criticamente*, o mundo em que vivem e, a partir daí, se lançarem à transformação dessa realidade.

Quanto ao uso de infográficos, mostramos que eles estão presentes em mais da metade das edições estudadas na "Folhinha" e em 40% nos cadernos analisados do "Estadinho". Tendo em vista que os pequenos leitores têm facilidade para entender a conexão de texto e imagem, a informação fragmentada e o hipertexto (ver p. 93), o investimento nesse recurso jornalístico é estratégia importante para atrair a atenção da criança. Há bons exemplos, nas edições abordadas – caso de "No mundo da Lua", da "Folhinha" de 18 de julho, com linha do tempo sobre a conquista do satélite pelo homem, e "Que palhaçada é essa?", no "Estadinho" de 5 de setembro, com fotos de atores em cena e legendas contando histórias –, em que o infográfico não apenas complementa uma informação, mas traz dados importantes, conectados ao texto principal e com mais didatismo (já que conta com mais ferramentas, além da palavra), auxiliando a criança a estabelecer relações entre ideias e a contextualizar informações.

O recurso do infográfico também pode ser uma forma de ligação entre o impresso e suas páginas digitais, porque a plataforma on-line acrescentaria som e movimento à informação do papel, ampliando, assim, a cobertura do caderno e fazendo que a criança acessasse o site para saber mais do que foi escrito no jornal. Essa tendência parece ganhar força na "Folhinha", pelo que mostra a então editora. Patrícia Veiga disse, no questionário, que a "Folhinha" contava com "quatro pessoas fixas [a editora, uma editora-assistente e dois repórteres, sendo que um é frila fixo, profissional não contratado, porém com participação constante na elaboração do caderno, incluindo fechamentos]; até o mês passado [junho de 2010], eram três. O investimento veio com a plataforma on-line, onde estamos tentando atingir a criança via *reportagens multimídia* e contação de história". Já Aryane Cararo, do "Estadinho", afirma que "as crianças parecem nascer com o mouse acoplado" e, com o blog do caderno, a redação quis "falar com quem não tem acesso ao 'Estadinho' de papel", publicando a programação cultural que antes estava no impresso, conforme já dito, e os desenhos enviados pelos leitores que não tinham espaço no caderno. Ela ressaltou ainda, em entrevista para esta pesquisa, que o blog era então muito recente e que a exploração da ferramenta ainda estava no início.

Considerações finais

É como fotografar. O nosso olhar desprovido de lente avalia que certa paisagem, certa cena merece um registro. Mas basta olhar tudo de novo por trás do vidro que antes o que estava perfeito perde o brilho, fica incompleto, deixa de ter cor. Muda-se a câmera de posição, o foco, mas o que está no visor ainda não é o mesmo que os olhos captam. Porque fotografar não é apenas olhar. É arte de outros feitios e outras exigências. Mas não deixa de ser também olhar. Fazer pesquisa em jornalismo não é fazer jornalismo. Mas também não deixa de ser.

A proposta deste trabalho se concretizou na medida em que foi possível delinear com maior clareza o "leitor de papel" de dois dos maiores suplementos infantis de jornal do país e, de posse desse perfil, estudar procedimentos da produção jornalística desses cadernos. Nosso objetivo foi levantar dados que escapam ao trabalho diário da redação e tentar apontar caminhos para mudanças, melhorias e também manutenções no trabalho diário da imprensa brasileira.

Assim, não se trata aqui, como tentei expor em vários pontos deste estudo, de um trabalho simplesmente de crítica à imprensa nacional, mas sim de suporte a jornalistas que falam para crianças no Brasil – o que se faz ainda mais importante num cenário de pouco investimento e estrutura deficitária. Não é possível aprimorar o jornalismo sem *fazer jornalismo*, mas creio que não é possível o aperfeiçoamento sem reflexão, o que demanda, sobretudo, tempo (de que repórteres e editores não dispõem muito, pela rotina extenuante das redações). Assim, a pesquisa, que segue outro relógio que não o do fechamento semanal, surge como importante trilha (mas não a única) para alcançar um melhor jornalismo. É essa a contribuição que este estudo espera ter dado, tanto para o meio acadêmico quanto para a redação.

A seguir, apresento as principais conclusões desta investigação, delineadas a partir dos dados já expostos, com a ressalva de que foram encontradas outras tantas informações durante a pesquisa, mas é preciso que se façam novos estudos e aprofundamentos antes de publicá-las. Em primeiro lugar, nota-se, no "Estadinho", a maior ausência do "leitor de papel", em relação à "Folhinha". Entendo que nem toda reportagem de capa desses suplementos demande entrevistas com crianças, mas acredito que, como diz Nelson Traquina, um dos valores-notícia de elaboração (elementos de construção do texto jornalístico) deve ser a personalização, pois "inúmeros estudos sobre o discurso jornalístico apontam para a importância da personalização como estratégia para agarrar o leitor porque as pessoas se interessam por outras pessoas" (TRAQUINA, 2005, p. 92). Desse modo, ouvir crianças e contar a história delas a outras é uma forma interessante de chamar a atenção do leitor, sobretudo de um que ainda não está habituado aos textos de periódicos. Além disso, durante a apuração, as entrevistas podem auxiliar o repórter a conhecer melhor os pensamentos dos pequenos leitores sobre o assunto debatido e os aspectos pelos quais eles mais se interessam, seguindo a ideia da dialogia. Isso pode ser feito em reportagens sobre diversos temas, incluindo conteúdo paradidático ou entretenimento, e não apenas comportamento: em vez de apenas sugerir jogos e brincadeiras para as férias, é possível fazer um teste desses produtos e ideias com algumas crianças; em vez de somente anunciar o lançamento de um filme muito esperado pelo público leitor, pode-se pedir pequenas críticas de crianças (o que a "Folhinha" fez frequentemente em uma de suas seções, durante as edições estudadas), ou promover debates; em vez de apenas falar sobre ciência, sugere-se propor experiências com crianças leitoras e expor suas opiniões.

Além disso, o levantamento das crianças ouvidas pelos suplementos mostra que as entrevistas conseguiram certo equilíbrio em relação ao gênero, mas apresentaram distorções na faixa etária, o que aponta para um dos maiores gargalos do jornalismo infantil. Como mostramos no capítulo 3, enquanto os suplementos parecem ser uma estratégia recente dos jornais para conseguir leitores, focando em públicos específicos e cobertura refinada e aprofundada, os cadernos feitos para crianças se perdem na definição do grupo etário para o qual falam. Os jornais, quando publicam suplementos infantis, oferecem poucos recursos (que se traduzem no pequeno número de páginas desses cadernos; em geral, oito), acreditando que um veículo, apenas, pode falar para todas as crianças. Nota-se porém que as redações fizeram suas próprias escolhas no período estudado, ainda que de modo arbitrário, ouvindo muitas crianças de dez e 11 anos (e *também* com seis e sete anos, no caso do "Estadinho"). A sugestão nesse caso é que se criem diferentes cadernos, com equipes, projetos editoriais e publicações autônomas – sendo um para os anos iniciais da alfabetização, seis a oito, e o outro para as de nove a 11, conforme demonstram os estágios de desenvolvimento cognitivo de Piaget, mostrados no capítulo 5.

Aponta-se ainda para o cuidado com as referências geográficas que aparecem nos textos, já que a maioria delas são (explícitas ou não) à cidade de São Paulo e seu entorno, indicando endereços, sugerindo opções de lazer ou citando a cidade como o local em que acontece o evento cultural, alvo da cobertura. Isso afasta a criança do restante do Estado e do país do caderno, contrariando outro valor-notícia sugerido por Traquina (2005), o da proximidade espacial. Assim, é necessário, quando houver indicações de endereços e eventos, que a redação pense nas cidades com grande número de leitores – já que atingir todos é impossível – e prospecte opções nesses municípios. Um exemplo positivo foi a edição "Pipa: faça a sua", do "Estadinho" de 4 de julho, que ofereceu quatro sugestões de acontecimentos envolvendo o brinquedo em cidades do interior do Estado e quatro na Grande São Paulo (ainda que nem sempre com referência clara à cidade). Seguindo o mesmo princípio, se o evento de entretenimento cultural ocorrer apenas na capital, não cabe destaque na capa do caderno.

Atenção ao uso de imperativos é outra conclusão deste trabalho: é compreensível que os cadernos, preocupados com a fase de formação física e cognitiva em que está a criança, despertem a atenção dos meninos e das meninas para determinadas atitudes, aprovando-as ou não, sobretudo quando abordam temas do comportamento infantil. No entanto, creio ser possível manter essa preocupação, mas tentando construir textos de maneira diferente, fazendo a criança pensar em suas próprias ações, em vez de optar muito pelos imperativos. Na "Folhinha", por exemplo, o fato de as reportagens sobre comportamento representarem 36% das matérias de capa e todas elas ouvirem crianças mostra que o suplemento está mais próximo desse caminho, mas é preciso ir além, já que, nesses casos, foram usados 41 verbos desse tipo (média de 4,5 por reportagem, seguindo a porcentagem observada nas demais capas).

Sugerimos ainda, ao longo do estudo, pontos a serem trabalhados em novas pesquisas sobre o jornalismo infantil brasileiro, tema tão pouco abordado na área acadêmica. Ressalta-se, entre os assuntos a serem explorados, em minha opinião, o predomínio das crianças brancas nas fotografias de entrevistados; a falta de resgate do histórico de publicações jornalísticas voltadas para crianças; a investigação sobre uma possível mimetização do discurso da criança, sem sua real presença; e se os canais on-line criados pela imprensa escrita infantil para servir como extensão dos impressos, além de receberem comentários da audiência, conseguem de fato ampliar a cobertura do suplemento e atrair a atenção do público (e, caso isso se confirme, se as interferências e as opiniões são divulgadas e ajudam a construir a pauta dessas publicações). O estudo sobre a frequência do uso do infográfico neste estudo concluiu que há um indicador de interesse dos cadernos numa linguagem gráfica e de distribuição de conteúdo mais próxima da usada na rede mundial de computadores, com o auxílio de imagens e com a fragmentação do texto, mas faz-se necessário que se realizem estudos sobre a interação entre as duas mídias e como isso consegue captar ou afastar leitores.

É importante ressaltar ainda que as mudanças no jornalismo podem ocorrer mais rapidamente do que a pesquisa acadêmica. No final deste estudo, citei que algumas das observações que pude realizar com o trabalho estavam motivando transformações nos dois suplementos estudados, em reformas implantadas no primeiro semestre de 2010 – como a tentativa de reservar espaços para que as crianças possam ser ouvidas em todas as edições, no caso do "Estadinho", e o foco maior em uma faixa etária mais definida, separada dos anos de alfabetização inicial, na "Folhinha". Isso não invalidou o esforço aqui feito: ao contrário, pôde ajudar os jornalistas que trabalhavam nos cadernos a reforçar as mudanças realizadas ou fazer pequenas alterações de projeto. Ao mesmo tempo, este estudo sugere outras reflexões e transformações que podem auxiliar editores e repórter de suplementos infantis a pensarem em reformulações ou a terem mais subsídio para pedir investimento em seus cadernos às empresas que os publicam.

Por fim, assim como fazer pesquisa em jornalismo é também fazer jornalismo, escrever para crianças também é brincar: brincadeira que melhor se expressa quando o repórter encontra a criança, entra no mundo dela e deixa que ela transforme um pouco da sua visão de mundo adulta. Não se brinca com o projeto editorial e a produção jornalística dos suplementos infantis, mas não se pode definir tudo isso sem também brincar.

> Este era o conto que queria contar. Tenho muita pena de não saber escrever histórias para crianças. Mas ao menos ficaram sabendo como a história seria, e poderão contá-la doutra maneira, com palavras mais simples do que as minhas, e talvez mais tarde venham a saber escrever histórias para as crianças...

> (José Saramago, em *A maior flor do mundo*)

Referências bibliográficas

ALVES, Januária C. *Jornal infantil: expressão e participação*. Dissertação (Mestrado) – São Paulo, Escola de Comunicações e Artes da Universidade de São Paulo, 1993.

ANDI; IAS. *A mídia dos jovens: esqueceram de mim*. Ano 6, nº 10, jun. 2002.

ARIÈS, Philippe. *História social da criança e da família*. Rio de Janeiro: LTC, 2006.

ARROYO, Leonardo. *Literatura infantil brasileira*. São Paulo: Melhoramentos, 1968.

ARRUDA, Ana. "Jornal para crianças ou jornalismo infantil?". *Cadernos de Jornalismo e Comunicação*, 39, p. 33-36, 1972.

BARDIN, Laurence. *Análise de conteúdo*. Lisboa: Edições 70, 2002.

BERABA, Marcelo. "O anúncio impróprio". *Folha de São Paulo*, São Paulo, 16. nov. 2004. Disponível em: <http://www.observatoriodaimprensa.com.br/artigos.asp?cod=3 03VOZ001>.

_____. "O dia das crianças". *Folha de São Paulo*, São Paulo, 15 out. 2006. Disponível em: <http://www1.folha.uol. com.br/fsp/ombudsma/om1510200601.htm>.

BRASIL. *Estatuto da Criança e do Adolescente*. Lei nº 8.069, de 13 de julho de 1990. Brasília: Câmara dos Deputados – Coordenação de Publicações, 1991.

CAETANO, Andrea D. *A ciência e as crianças: formação e educação científica através dos suplementos infantis*. Projeto Experimental – Universidade Metodista de São Paulo, São Bernardo do Campo, 2005.

CALLIGARIS, Contardo. *A adolescência*. São Paulo: Publifolha, 2000.

CANCLINI, Néstor G. *Consumidores e cidadãos: conflitos multiculturais da globalização*. Rio de Janeiro: UFRJ, 1998.

CARDOSO, Athos E. "'Le Petit Journal Illustré de la Jeunesse': a verdadeira origem francesa d'O Tico-Tico". In: CONGRESSO BRASILEIRO DE CIÊN-CIAS DA COMUNICAÇÃO, 31, 2008, Natal. *Anais eletrônicos*. São Paulo: Intercom, 2008. Disponível em: <http://www.intercom.org.br/papers/nacionais/2008/resumos/R3-1506-1.pdf>.

CARLSSON, Ulla; FEILITZEN, Cecilia von (Orgs.). *A criança e a mídia. Imagem, educação, participação*. São Paulo: Cortez, 2002.

CARVALHO, Carmem. "Segmentação do jornal, a história do suplemento como estratégia de mercado". In: CONGRESSO NACIONAL DE HISTÓRIA

PEQUENO LEITOR DE PAPEL 161

DA MÍDIA, 5, 2007, São Paulo. *Anais eletrônicos*. São Paulo: Intercom, 2007. Disponível em: <http://www. redealcar.jornalismo.ufsc.br/resumos/R0136-1.pdf>.

CITELLI, Adilson. "A escola e os discursos não-didáticos". *Revista Comunicação e Educação*, São Paulo, n° 8, p. 27-34, 1997.

_____. (Org.). "Educação e mudanças: novos modos de conhecer". In: CITELLI, Adilson (Org). *Outras linguagens na escola*. São Paulo: Cortez, 2000.

COSTA, Mônica P. R. *Ler sem engasgar: dois tipos de recepção do jornalismo infantil da 'Folhinha' (suplemento infantil da 'Folha de S. Paulo')*. Dissertação (Mestrado) – São Paulo, Pontifícia Universidade Católica, 1992.

DINES, Alberto. *O papel do jornal*. São Paulo: Summus: 1986.

ECO, Umberto. *Leitura do texto literário. Lector in fabula*. Lisboa: Editorial Presença, 1993.

'ESTADINHO' ganha formato de gibi e fica mais divertido. *O Estado de S*. Paulo, São Paulo, 12 mar. 2010. Disponível em: <http://www.estadao.com.br/estadaodehoje/20100312/not_imp523097,0.php>.

'ESTADO' renova projeto gráfico, lança cadernos e amplia portal. *O Estado de S. Paulo*, São Paulo, 7 mar. 2010. Disponível em: <http://www.estadao.com.br/noticias/vidae, estadorenova-projeto-grafico-lanca-cadernos-e-amplia-portal,520709,0.htm>.

FARAONE, Nadja A. A. *Temas de cidadania em jornais infantis: um estudo dos suplementos 'A Gazetinha',*

'Diário Criança', 'Estadinho' e 'Folhinha'. Dissertação (Mestrado) – São Paulo, Escola de Comunicações e Artes da Universidade de São Paulo, 2001.

FERRARI, Pollyana. *Jornalismo digital*. São Paulo: Contexto, 2003.

FERREIRA, Mayra F. *Infância em papel: o jornalismo infantil no interior*. Projeto Experimental – Bauru, Universidade Estadual Paulista Júlio de Mesquita Filho, 2006.

FILHOS da era digital. *Revista Época*. São Paulo, n° 486, p. 82-90, 10 set. 2007.

FISCHBERG, Josy. *Criança e jornalismo: um estudo sobre as relações entre crianças e mídia impressa especializada infantil*. Dissertação (Mestrado) – Rio de Janeiro: Pontifícia Universidade Católica do Rio de Janeiro, 2007.

FOLHA DE SÃO PAULO. *Novo manual da redação*. São Paulo: Publifolha, 1992.

_____. *Novo manual da redação*. São Paulo: Publifolha, 2001.

FRAGOSO, Paulo A. D. "A experiência da regulamentação das campanhas publicitárias de cigarro como subsídio para a comunicação de alimentos direcionados ao público infantil no Brasil". In: *Infância & consumo: estudos no campo da comunicação*. Brasília: Andi – Instituto Alana, 2009.

FURTADO, Thaís H. "O leitor (totalmente) imaginário do jornalismo infantil". In: ENCONTRO NACIONAL DE PESQUISADORES EM JORNALISMO, 7,

2009, São Paulo. *Anais eletrônicos*. Brasília: SBPJor, 2009. Disponível em: <http://sbpjor.kamotini.kinghost.net/sbpjor/resumod.php?id=850>.

GONZÁLEZ, Luz E. A. "Estrategias de aprendizaje en recepción infantil". *Revista Nómadas*, Bogotá, Fundación Universidad Central, n° 21, p. 128-136, 2004.

GRUPO ESTADO. *Relatório de responsabilidade corporativa*: edição 2007. São Paulo, 2007. Disponível em: <http://www.estadao.com.br/rc/2007/>.

GUIA Folha mais prático e Folhinha para as duas idades. *Folha de S. Paulo*, São Paulo, 22 maio 2010. Disponível em: <http://www1.folha.uol.com.br/poder/739257--guia-folha-mais-pratico-e-folhinha-para-as-duas-idades.shtml>.

INOVAÇÕES do 'Estado' seguem nos suplementos. *O Estado de S. Paulo*, São Paulo, 16 mar. 2010. Disponível em: <http://www.estadao.com.br/estadaodehoje/20100316/not_imp524828,0.php>.

JESUS CARVALHO, Eriberto de. *A reportagem de capa dos suplementos Estadinho e Folhinha: a construção da discursividade infantil*. Dissertação (Mestrado) – Taubaté, Universidade de Taubaté, 2007.

JORNAL se mantém há 21 anos como o de maior circulação no Brasil. *Folha de S. Paulo*, São Paulo, 11 nov. 2007. Disponível em <http://www.folha.uol.com.br/fsp/brasil/fc1111200716.htm>.

KOVACH, Bill; ROSENSTIEL, Tom. *Os elementos do jornalismo: o que os jornalistas devem saber e o público exigir*. São Paulo: Geração Editorial, 2003.

LEITOR da Folha está no topo da pirâmide social brasileira. *Folha de S. Paulo*, São Paulo, 11 nov. 2007. Disponível em <http://www.folha.uol.com.br/fsp/brasil/fc1111200715. htm>.

LINN, Susan. *Crianças do consumo: a infância roubada*. São Paulo: Instituto Alana, 2006.

LINS DA SILVA, Carlos E. "Como atrair os jovens para o jornal". *Folha de São Paulo*, São Paulo, 18 jan. 2009. Disponível em: <http://www.observatoriodaimprensa.com.br/artigos.asp?cod=521VOZ001>.

MARCONDES FILHO. *A saga dos cães perdidos*. São Paulo: Hacker Editores, 2000.

MARTÍN-BARBERO, Jesús. "Cultura y nuevas mediaciones tecnológicas". In: MARTÍN-BARBERO, Jesús. *América Latina: otras visiones de la cultura*. Bogotá: CAB, 2005.

_____. "Heredando el futuro. Pensar la educación desde la comunicación". *Revista Nómadas*, Bogotá, n° 5, 1996.

_____. "Narrativas estalladas: entre oralidades recuperadas y visualidades hegemonicas". Conferência apresentada no Congresso Latinoamericano de Jalla. Bogotá, 2006. No prelo.

MEDINA, Cremilda. *A arte de tecer o presente*: narrativa e cotidiano. São Paulo: Summus, 2003.

_____. *O signo da relação, comunicação e pedagogia dos afetos.*
São Paulo: Paulus, 2006.

ONU. *Convenção Internacional sobre os Direitos da Criança.*
Disponível em: <http://www.onu-brasil.org.br/doc_
crianca.php>.

OROZCO, Guillermo. "De la enseñanza al aprendizaje:
desordenamientos educativo-comunicativos em los
tiempos, escenarios y procesos de conocimento".
Revista Nómadas, Bogotá, n° 21, p. 120-127, 2004.

_____. "Entre pantallas, nuevos roles comunicativos de las
audiencias". Manuscrito, 2009.

_____. "Professores e meios de comunicação: desafios e
estereótipos". *Revista Comunicação e Educação*, São
Paulo, n° 10, 1997.

PEREIRA JUNIOR, Luiz C. *Guia para a edição jornalística.*
Rio de Janeiro: Vozes, 2006.

PERROTTI, Edmir. "A cultura das ruas". In: PACHECO,
Elza. *Comunicação, educação e arte na cultura infanto-
-juvenil.* São Paulo: Loyola, 1991.

PIAGET, Jean. *Seis estudos de psicologia.* Rio de Janeiro:
Forense-Universitária, 1986.

POLATO, Amanda. "A árdua tarefa de atrair os pequenos". *Negócios da Comunicação.* São Paulo, n° 24,
2008. Disponível em: <http://portaldacomunicacao.
uol.com.br/textos.asp?codigo=20518>.

PONTE, Cristina. "Mudam-se os tempos, mudam-se as notícias? A cobertura jornalística de crianças no *Público* e

166 JULIANA DORETTO

Diário de Notícias em 2000 e 2005". *Media & Jornalismo*. Lisboa, no 11, p. 51-71, 2007.

POSTMAN, Neil. *O desaparecimento da infância*. Rio de Janeiro: Grafhia Editorial, 1999.

PRENSKY, Marc. *Don't bother me mom, I'm learning*. Nova York: Penguin, 2006.

PROJETO dá sequência a avanços. *O Estado de S. Paulo*, São Paulo, 6 mar. 2010. Disponível em: <http://www.estadao.com.br/estadaodehoje/20100307/not_imp520533,0.php>.

SANT'ANNA, Lourival. *O destino do jornal: a Folha de S. Paulo, O Globo e O Estado de S. Paulo na sociedade da informação*. Rio de Janeiro: Record, 2008.

SANTOS, Greice F. S. *Quebra-cabeça de mídia: "Meu pai lê jornal... e eu também."* As crianças e o meio jornal. Monografia – Fundação Armando Álvares Penteado, São Paulo, s/d.

SARAMAGO, José. *A maior flor do mundo*. São Paulo: Companhia das Letrinhas, 2001.

SCHEIBE, Cindy. "Piaget e os Power Rangers", In: MAZZARELLA, Sharon R. (Org.). *Os jovens e a mídia*. Porto Alegre: Artmed, 2009.

SILVA, Tomaz T. da. "A produção social da identidade e da diferença". In: SILVA, Tomaz T. da. (Org.). *Identidade e diferença: a perspectiva dos estudos culturais*. Petrópolis: Vozes, 2000.

SOARES, Fernanda B. *Suplementos infantis*: *os precursores da imprensa adulta*. Londrina: Eduel, 1999.

TRAQUINA, Nelson. *Teorias do jornalismo*: *a tribo jornalística – uma comunidade interpretativa transnacional*. Florianópolis: Insular, 2005.

VICINA, Claudemir E. *O lúdico e a aprendizagem na cibercultura*: *jogos digitais e internet no cotidiano infantil*. Tese (Doutorado) – Escola de Comunicações e Artes da Universidade de São Paulo, 2005.

Esta obra foi impressa em São Paulo
na primavera de 2013. No texto, foi
utilizada a fonte Palatino Linotype em
corpo 11 e entrelinha de 15,5 pontos.